뭣이
중할까?

인쇄 2018년 3월 28일
발행 2018년 4월 3일

지은이 이유식
펴낸이 이재욱
펴낸곳 (주)새로운사람들
디자인 빌리언
마케팅 관리 김종림

등록일 1994년 10월 27일
등록번호 제2-1825호
주소 서울 도봉구 덕릉로 54가길 25
전화 02-2237-3301 팩스 02-2237-3389
이메일 ssbooks@chol.com
홈페이지 www.ssbooks.biz

뭣이 중할까?

이유식 지음

새로운
사람들

Self Portrait

감천 문화마을

나는 감천 마을에 무슨 '문화'가 있을 수 있을까 생각했다.
내 기억 속의 감천 마을은 '문화'가 아니라 가난, 기아, 고단한 인생, 그리고 미로와 같은 골목길이 엉켜 있는 곳일 뿐이었다.
주황, 파랑, 청록의 원색으로 덧칠한 지붕과 골목길 담벼락을 따라 그려진 아기자기한 삽화들만을 보러 그곳에 간다면 그것은 번지수를 잘못 찾은 경우가 될 것이다.
적어도 내 기억속의 감천 마을은 각양 원색의 지붕 아래 여전히 깔려 있는, 지워지지 않을 삶의 고통과 애환이 짙게 새겨져 있는 곳이다.

유년 시절의 추억을 불러일으키는 골목길

그 옛날 중앙초등학교 일학년 때
담임 선생님께 병문안을 간 적이 있다.
초량동 언덕 좁은 골목길을 한참 걸어 찾아갔었다. 그분은 무척 기뻐하시며
찾아온 코흘리개 제자들에게 알사탕 두 알을 사먹을 수 있는 돈을 주셨다.
그래서인지 아직도 그분의 성함을 기억하고 있다.
백길순 선생님이시다.

2017. MAY. 구례. 쌍산
Leezou

구례 쌍산재

피아골에서 멀지 않은 지리산 상사마을에 자리 잡은 300년 고택. 고택 입구의 당몰샘은 차를 우려내는 데는 우리나라 최고의 샘물로 알려져 있다.
주인장, 오경업 씨는 오십대 인심 후한 양반이시고 부탁하면 가문의 내력을 소개하며 고택 여기저기 친절히 안내해 준다.
고즈넉한 뒤편 대나무 숲 사이 오솔길을 걸어볼 것.
비밀의 화원에 들어선 느낌이 온다.

사랑채에 연결된, 오랫동안 안아주고 싶은 굴뚝!

순천만 습지
Leeyousik 2017, MAR.

순천 시내를 관통하여 순천만으로 흘러가는 작은 하천이 동천이다. 동천이 끝나는 곳에 광활한 순천만이 파노라마로 펼쳐진다.
순천만 하구에 정박 중인 작은 배들, 한동안 쳐다 보아도 눈이 피로 하지 않았다.

개인적인 바람은 순천만이 유원지처럼, 무슨 놀이터 처럼 되지 않는 것이다. 부산 태종대는, 실망스럽게도, 이미 소란하기 그지없는 놀이공원이 되고 말았다. 태종대를 망친 주범인 내부 순환열차 같은 것을 순천만에서도 보았기에 더 걱정스럽다.

2017. Feb.

해운대 초등학교 2학년 때, 여름이 되면 나는 방과 후 반 아이들과 함께 극동호텔 앞 넓은 해변에서 올 누드로 해수욕을 즐겼다. 그때에는 미군 전용 해수욕장이 해운대 해수욕장 한 가운데 있었고 울타리로 격리되어 있었다. 아이들은 울타리 안의 코쟁이들을 구경했고, 코쟁이들은 울타리 밖의 아이들을 구경했다. 우리들은 그들의 엄청난 덩치와 털털(毛毛)함에 신기해 했다. 그들도 우리를 신기한 듯 바라 보았지만 우리들의 무엇에 신기해 했는지는 아직도 모르겠다.

미포 유람선 선착장에서 바라 본 고깃배들과 옛적 해운대 극동호텔 근처에 지어진 오피스텔, 그 바로 옆에는 100층이 넘는 빌딩들이 지금 지어지고 있다.

안신
수퍼
전복죽
생맥주
노래방
달맞이길
생대구탕
노래방
세탁
2017 MAR

미포 오거리에서 동해 남부선 건널목 방향 해수욕장 입구

차와 사람을 지우니 한적해 졌다.

Abbaye de Sénanqu

세낭크 수도원, 프로방스

세낭크 수도원(Abbaye de Notre-dame Senanque), 12세기에 건립된 이 아름답고 고풍스러운 수도원은 라벤더로 유명하다. 몰려드는 관광객으로 인해 주차가 힘들 정도로 붐비는 관광명소다.

7월이 라벤더가 절정에 달하는 시즌인데 나는 6월 중순경에 들렀었다. 라벤더의 다양한 보라색은, 어찌 그런지는 몰라도, 마음을 가라앉혀 주는 듯하다. 그 우아한 향은 짙고도 오래 지속되어 코끝을 맴돈다.

수도원 안쪽 관광 상품 판매소는 볼거리가 많아 들를 만하다.

너무 유명한 탓인지 복잡하고 소란스러운 것이 단점.

조용히 둘러볼 수가 없는데, 특별히 중국인 관광객들의 기행에 가까운 돌출행동이 눈에 띈다. 목소리 큰 것은 차치하더라도 출입금지 팻말이 붙어 있는(중국어로 쓰여 있다!) 담장 위로 올라가 사진 찍느라고 난리다.

라벤더 밭 사이로도 무조건 들어가 드러누워 손가락 V자를 흔든다. 우리가 이웃하고 있는 나라 국민의 난장판을 보면서 우리나라의 미래가 걱정되었다. 우리는 그들을 감당할 수 있을까? 그 무대포를.

시끄럽고 요란벅적한 인해전술에 기가 질려버린 나는 중화 민족들을 피하여 세낭크 수도원을 서둘러 빠져 나왔다.

그래도 라벤더 향은 온몸에 젖어 오래도록 남아 있었다.

Saint emilion. France. 李有植

Saint emilion, 프랑스

쌍테밀리옹, 8세기 이 지역에서 사역하였던 수도사 에밀리옹의 이름을 딴 소도시다. 시내 한가운데 Eglise Monolithe 성당이 자리 잡고 있고 그 주위를 고풍스러운 성벽이 둘러싸고 있다. 골목길이 너무나도 아름다운 마을, 사람들의 마음도 넉넉하다. 구불구불 골목길 옆의 가게들은 개성 뚜렷한, 예술적인 간판들을 저마다 걸어 두고 있는데 그것들을 구경하는 것만 해도 시간 가는 줄 모른다. 이곳의 음식점들은 다양하면서도 그 수준이 만만치 않다. 식사 예약 때 정장을 요구하는 오성급 레스토랑도 있다.

얼마 전 순천만에 들렀을 때 적당한 음식점을 찾느라 여기저기 두리번거리며 다니고 있었다. 그때 지나치던 음식점에서 나온 아주머니가 한 말을 기억하고 있다.
"손님, 저 집이나 우리 집이나 어디든 다 똑 같습니다. 괜히 헤매지 말고 그냥 우리 집에 오세요!"
정말 그랬다. 가격도 음식도, 그러니 아마도 어느 집에 가든 맛도 고만고만할 것이다. 반찬들은 마을회관에서 공동으로 만들어 각 식당으로 공급하는 것이 아닌지? 그때 먹었던 순천만 꼬막정식의 맛은 기억할 만한 것이 없다. 그냥 먹었을 뿐이다.

| 프롤로그 |

글쓰기, 그리고 변명

"글쓰기가 '결핍'의 산물이라면 나는 무엇을 채우려 글을 적어대는가?"

그냥 잡문을 몇 자 끄적거리는 정도인 나에게 이 질문은 감당키 어렵다. 막 젖을 뗀 아이가 "인생이란 무엇인가?" 고민하는 모양으로 생뚱맞은 느낌도 있다. 하지만 영혼을 관통하는 글을 쓰기 위해 온 힘을 다하는 작가 분들에 비하면 나의 글쓰기는 사실 너무 한가한 느낌이 있고 그것은 나의 마음에 적지 않은 부담이 되었다.

우선 이런 고차원적인 질문을 한다는 것으로, 나의 지적 능력이 평균 이상이란 것을 나타내고자 함이 아니란 점을 서둘러 말씀드려야겠다. 또 나의 글들이 모두 이런 치열한 고민 끝에 나온 산물이 아니라는 것도 일찌감치 고백하여야겠다. 그런데도 무언가에 씐 듯이 글을 적어야겠다는 생각이 종종 들어 책상머리에 앉곤 하니, 도대체 왜 그러는지 그 연유를 좀 알아봐야겠다는 생각이 들었다.

이 질문에 대한 해답을 어렴풋이나마 가지게 되기까진 적지 않은 횟수의 긴 산책이 필요했다. 걷고 또 걷는 중에 떠올린 것은 지나간 세월 동안 내가 수많은 말들을 내뱉었고 그 중에 거의 대부분은 상대방의 마음 근처에 가보지도 못하고 그냥 의미 없이 사라져 버렸다는 것이었다. 내가 생산한 많은 말들은 그 많음으로 인해 신뢰를 받기는커녕 오히려 오해를 불러일으키기 일쑤였다.

그 말은 그런 뜻이 아니었다는 설명과 변명에 지쳐버린 나는 어쩔 수 없이 나의 말수를 줄여야 했고, 그것은 내 마음의 답답함과 울화를 일으키고 말았다. 그래서 나는 애꿎은 문자를 통하여 화풀이를 하듯 글을 적고 있는지도 모른다는 생각이 들었다.

부연할 필요도 없지만 나의 미천한 능력으론 글을 말처럼 많이 쏟아내지 못한다. 그래서 할 수만 있다면 '말도 안 되는' 글보다는 '말은 되는' 글을 생산할 작정이다. 그리고 내가 쏟아버린 말로 인해 당한 소통의 단절과 그로 인한 답답함을 내 마음으로부터 우러나온 글을 적음으로써 해소해 보려 할 것이다.

그러니 아무쪼록, "아니! 또 책을 내었습니까?", 이렇게 묻지는 말아 주시기를 간곡히 당부를 드린다. "쓸데없이 말을 많이 하다 보니 그리 되었습니다."란 궁핍한 대답밖엔 더할 말이 없기 때문이다.

또 하나의 변명

또 다른 변명거리가 생겼다. 나의 스케치를 책에 싣기로 된 일이다. 시원찮은 습작 스케치들을 시원찮은 글들의 책에 넣게 되었는데, 변명하기가 낯이 뜨겁고 대략 난감하다.

머리털을 잡아채며 궁리한 끝에 남 탓, 출판사 사장인 옛 친구 탓을 하기로 했다. 그림이든 글이든 얼마간이더라도 자기 체취가 있어야 하는데 내가 그린 스케치들은 솔직히 그런 것이 없다. 한 마디로 영혼이 없는 것들이다.

그래서 애당초 어설픈 스케치들을 책에 넣는다는 것은 언강생심 생각지도 않고 있었는데, 언변 좋은 출판사 사장의 부추김에 넘어가서 더럭 넣기로 하고 말았다. 부끄럽기는 하였지만 한편으론 전업 작가나 전업 화가도 아닌데 뭐 그리 대단한 책을 내겠다고 난리를 치는가 하는 생각도 있었다. 나이가 들며 얼굴이 제법 두꺼워진 것도 부끄러움을 견디는 데 일조를 하였을 것이다.

하지만 여전히 마음 한 구석에 부끄러움이 남아 있어 내 탓도 있음을 고백하여야겠다 싶어졌다. 이 모든 일들이 다 나의 지적 허영심이 가진 밑천보다 더 충만하여 벌어진 사건이다. 아무쪼록 내 글과 그림을 읽고 보는 분들의 바다와 같은 해량을 바란다. 부끄러움이 여전하다.

차례

뭣이 중할까?

1. 소설

치과 의자에 눈을 반쯤 내리감고 앉아 있는 그를 보자마자 하루 종일 원고지를 껴안고 사는 양반임을 바로 알았다. 남의 속 들여다보는 데 30여 년을 보낸 내공이 직감적으로 그것을 알게 해주었다. 양손으로 꼭 붙들고 있는 2009년 신춘문예 당선 소설집은 나의 추측을 확신으로 바꾸게 해 주었다.

지친 듯 곤비한 그의 눈빛으로 볼 때 어제 저녁에도 밤늦도록 뭔가를 적고 있었을 것이다. 그의 책상 주변은 쓰다 구겨 던져 버린 원고지들이 여기저기 널려 있을지도 모른다. 대충 빗어 넘긴 머리카락, 그리고 그 사이사이로 보이는, 나이에 비해 훨씬 많아 보이는 새치들, 이마를 가로지르는 긴 잔주름들, 듬성듬성 자란 구레나룻들이 눈에 들어왔다. 그의 눈썹도 덩달아 허옇게 탈색되어 가고 있었다. 깔아 내린 그의 눈은 가뭄을 당한 호수같이 가라앉아 있었고 뭔가 기가 빠진 듯한 느낌을 주었다.

문청(文靑)의 꿈을 품은 후 등단을 목표로 일로정진, 매진하던 마음의 불꽃이 거듭된 실패로 인해 사그라지고 있는 것인가? 어쨌거나 그는 오늘 문학적 고민 때문이 아니라 치과 쪽 문제로 나를 찾아왔다. 편견일진데 글을 적는 분들 중에 치아가 좋은 분은 드물다. 아마도 이는 대충 닦고 글쓰기에만 매달리다 보니 그렇게 된 것일 성싶다.

그가 좌우 뺨을 번갈아 만지며 말했다.

"양쪽 어금니 쪽이 지난 주말부터 우리~~~하게 아픕니다. 꽤 부은 것 같은데요. 씹기가 어렵게 되었는데 좀 봐 주십시오."

짐작했던 대로 그의 문제는 풍치다. 게다가 한사코 버티다 더 이상 참을 수 없게 되어 찾아온 것이다. 파노라마 방사선 사진을 찍은 후 들여다보니 입안에서 검사했던 것보다 더 심한 상태다.

"선생님, 풍치가 꽤 진행이 되어 잇몸 수술을 해야겠는데요. 여러 번 내원하셔야 되고요, 시간도 많이 걸릴 듯합니다. 치과에 늦게 오신 것 같습니다만……."

그가 답답한 듯이 눈살을 찌푸린 뒤 한숨을 쉬며 말했다.

"수술 말고 어떻게 오늘 병원 온 김에 해결할 방법이 없을까요? 제가 일이 밀려 있어서요. 원장님, 사실은 제가 소설을 적고 있는데요, 연말까진 마무리를 지어야 하는데, 글도 잘 되지 않고 해서, 다니던 직장도 그만두고 얼마 전 조용한 곳으로 이사를 했는데 여기서 꽤 멀어서 오기가 힘듭니다."

"삼랑진 근처 낙동강변 촌집으로 들어갔는데 부산 오기가 무척 번거롭고 어렵습니다. 오는 데만 거의 반나절이 걸리네요. 당분간일지라도 어떻게 간단히 해결할 수는 없습니까?"

소설을 적기 위해 그가 분연히 떨쳐버린 밥벌이를 포함한 많은 것들을 생각할 때, 그의 원대로 당장의 불편함을 해소하는 치료법을 택하는 수밖엔 없어 보였다. 사실 잇몸은 제대로 닦기만 하면 어느 정도는 가라앉는다. 그에게 잇몸 관리 방법을 거듭 말해주고 필요한 처방을 내주었다. 기초적인 처치를 하면서 나의 생각은 엉뚱한 곳으로 번져 나갔다.

- '섬진강' 시인 김용택 씨는 풀과 나무와 흙과 바람과 물과 햇빛으로 시를 쓴다고 하였는데 이 분은 낙동강의 도도한 흐름과 은빛 물비늘과 가끔씩 떼 지어 날아가는 철새와 그에 따라 물 위를 스쳐가는 그것들의 그림자로 소설을 적을까?

- 도시의 삭막함과 무정함은 낙동강변(洛東江邊) 한적한 곳으로 숨어 들어가면 작별할 수 있는 것들일까?

- 그가 적고자 하는 것이 혹시 그가 팽개치듯 떠나온 도시의 일상들이 아닐까? 떠나지 않으면 도저히 풀어 내지 못할 어떤 일이 그에게 있었던 것일까?

그에 대한 기억은 치료를 마치고 간 날 이후 꽤 오랫동안 내 머리에 남아 있었다. 연말의 신춘문에 당선작 발표에 그의 이름을 찾을 수 없는 해가 몇 년이 지나갔고 언제 적부터인지 그의 이름조차도 내 기억 속에서 사라져 버렸다. 그는 여전히 낙동강 갈대숲을 거닐고 있을까? 그의 치통은 잠잠해졌을까?

2. 미술

일면식도 없는 사람이 난데없이 전화를 걸어 치과 원장을 꼭 만나야겠다고 할 때가 가끔 있다. 대개 치과 문제가 아니라 다른 일로 찾아오겠다는 분들인데 적당히 핑계를 대고 거절을 하는 편이다.

언젠가 아침 병원 문을 열자마자 걸려온 전화 역시 한 번도 만나본 적이 없는 분이었는데 거절할 수가 없었다. 미술협회 행사 때 조그만 광고 후원을 한 적이 있었는데 그것을 본 협회 관계자 중 한 분이 나를 꼭 한 번 만나 보고 싶다는 것이었다.

사실 나는 완곡히 거절하였는데 그분은 나의 거절을 완강히 거절하였다. 자기의 작품을 들고 와서 보여 주겠다는 말에 화들짝 놀라 여러 번 고사를 하였지만 그분의 강청함을 거절하긴 어려웠다. 막 택시를 타고 원장님의 병원으로 찾아가고 있는 중이라는데 무슨 말을 더할 수 있겠는가? 어쨌든 그냥 자기의 작품을 보기만 해도 되니 아무쪼록 시간을 잠시 내달라는 것이었다.

원장실에 들어선 그 분을 보자마자 열정에 불타는 화가임을 단박에 알 수 있었다. 나이가 나보다는 윗줄인 것 같은데도 강렬한 색깔의 점퍼를 걸치고, 몸에 꽉 끼는 청바지를 붉은 색 운동화 위에 입고 있었다.

나는 영감을 좇아 예술의 길을 가는 분들에게는 왠지 주눅이 든다. 밥벌이의 길을 맹종하며 따라가다 나도 모르게 배부른 돼지가 되지 않을까 염려가 되기 때문일까? 만나자 마자 주눅이 들어 버린 나는 그림을 보는 안목이 없음을, 자백하듯, 여러 차례 이야기해야 했다.

그분은 꼼꼼히 포장된 그림 세 점을 원장실 책상 위에 놓고는 조심스럽게 풀기 시작했다. 작가와 일대 일로 대면하는 상황에 난생 처음 처하게 된 나는 곤혹스러웠다. 무슨 말을 해야 할지, 어찌 해야 할지가 점점 난감해졌다. 포장을 벗겨낸 자신의 작품을 번쩍 들고 나에게 보여주며 그가 말했다.

"원장님, 제가 그림을 그리는 데 전념하고자 재직하고 있던 학교를 관둔지도 좀 되었는데요……."

"서울서 대학 다니는 아들 둘이 방학이라고 내려왔는데…애비로서 뭐 해주긴 해야겠는데… 이 세 점 중에 한 점만 부탁드립니다. 원장님께는 특별히 이쪽 큰 그림을 사백만 원에 드리겠습니다. 세 점 다 하셔도 됩니다."

그의 그림은 마치 고흐의 그림인 것처럼 강렬했다. 대담한 붓질에 여러 원색의 물감은 거친 질감을 나타내며 캔버스 전체를 압도하듯 종횡으로 달려가고 있었다. 그림은 수작임이 분명해 보였지만, 갑작스런 구입 부탁에 나는 내 인생 중 가장 난감한 순간을 겪게 되었다.

그의 기분이 상하지 않도록 거절하느라 얼마나 말도 안 되는 말들을 뱉어냈는지 모른다. 쩔쩔 매면서 나는 무엇을, 왜 변명하는지도 모른 채 계속 변명을 하고 있었다. 분위기가 떨떠름해지더니 급기야 싸늘해졌고 화가 났던지 그가 투덜거렸다.

"에이, 내 이럴 줄 알았으면 그림을 풀지도 않을 건데, 내 참. 다시 싸매야 되잖아!"

그의 귀한 작품들이 상하지 않도록, 나도 정성을 다해, 진땀을 흘리며, 다시 갈무리하는 것을 도와드려야 했다.

그가 성질을 내며 돌아간 후 한동안 억울한 느낌이 남아 있었다. 하지만 그의 방문은 내 직업과 취미에 대하여 다시 한 번 생각해 보는 계기가 되었다.

치아가 불편한 분들을 치료하는 것이 나의 밥벌이다. 내가 하는 그림 그리기, 글쓰기는 취미이며 여가를 활용하는 수단일 뿐이다. 두말할 것도 없이 그런 것들로 밥벌이를 할 자신이 없다. 밥벌이와 상관없는 글쓰기, 그림 그리기는 애초부터 그 완성도에 한계가 있는 것이 아닐까? 목구멍을 채우고자 하는 간절함이 없는 행위는, 그것이 예술이든 기술이든, 최고의 수준에 올라 감동을 주는 경지가 되기 어려운 것일는지 모른다.

도스토예프스키가 후다닥 완성한 〈도박꾼〉은 쪼들림이 극한의 상황에 달했을 때 나온 작품이 아니었던가?

3. 피아노와 스킨 스쿠버

치과 일을 하면서 손을 맞춘 치과 위생사는 치과 개업의(開業醫) 입장에서 정말 귀하고 소중하다. 정신없이 바쁜 원장이 "그거~ 그거~" 할 때도 알아서 척척해대는 치과 위생사 L양도 그러했다. 입사한 지 얼마 되지도 않았는데 병원 일을 사소한 것까지 꿰뚫고 있었다. 게다가 센스 있고 부지런하고 성실해서 병원 일을 믿고 맡길 수 있는 복덩어리였다.

그런 그녀가 어느 날 이른 아침 원장실을 노크하였다.

"원장님, 개인적인 일로 말씀드릴 게 있는데요."

"개인적인 일…?"

"당분간 좀 쉬었으면 합니다."

예상치 않았던 그녀의 말에 나는 놀라고 당황했다. 맞물려 잘 돌아가던 톱니바퀴들 중 중요 부분이 이탈하는 격이었다. 사실 봉급도 모자라지 않는 수준으로 책정되어 있었고 다른 직원들과도 원만히 잘 지내고 있었기 때문에 그녀의 퇴사 요청은 그야말로 뜻밖이었다.

"원장님, 치과에 불만이 있어서 나가는 것은 아니고요, 제가 정말 꼭 하고 싶은 일이 있는데, 피아노 치는 것과 스킨 스쿠버거든요, 그동안 일하면서 짬짬이 해 왔는데 잘 안 되어서요, 시간이 더 필요한 것 같아요, 살아가면서 제가 하고 싶은 일들을 제대로 해보고 싶습니다. 죄송하지만, 이번 주까지 일을 하고 그만두었으면 합니다."

그녀의 인생은 누가 뭐랄 것 없이 그녀의 것이다. 하지만 인생의 선배로서, 그리고 그동안 열심히 일해준 보답으로라도 충고를 해 주어야 했다.

일단 2주간의 유급휴가를 줄 테니 하고 싶은 것 해보고 다시 이야기해보자, 그래도 나가겠다면 그때 관두어도 된다, 그런 취미들은 자기 할 일들을 하면서 같이 하는 것이다, 시간이 충분하면 취미는 오히려 즐기지 못하게 된다, …….

여러 가지 이야기를 하였지만 그녀의 마음을 돌릴 수 없었다. 역시 삶의 경험은 좀처럼 전수가 되지 않는 것이다. 하는 수 없이 그녀의 퇴직을 허락하고 후임자를 급히 구해야 했다. 그런데 얼마 지나지도 않아 L양이 병원으로 찾아왔다. 퇴사한 지 딱 2주가 된 때였다.

"원장님, 죄송스럽지만 다시 일할 수가 없을까요? 2주일도 되지 않았는데 너무 너무 지겹고요. 집에 있으니까 엄마 잔소리를 견딜 수가 없습니다. 점점 더 심해지고요, 아침 먹자마자 집을 나와 어디든 가지 않으면 하루 종일 들들 볶입니다. 나와도 친구들 다 일하고 있어 만날 사람도 많지 않네요. 피아노도 스킨 스쿠버도 하루 종일 하니 왠지 흥미가 떨어졌고요. 정말 죄송합니다. 원장님 말씀 들었어야 하는데, 그때는 제가 마음이 좀 그래서요. ……."

나는 그녀를 나무라지 않았다. 여기저기 아는 치과에 연락해 그녀의 취업을 부탁했다. 놓치면 후회하는 유능한 위생사이니 있는 사람 내보내더라도 채용하라고 강권하였다. 그녀는 그날 당장 일자리를 얻었고 지금껏 그 치과에서 군소리 없이 열심히 일하고 있다. 좋은 사람 소개해주어 고맙다는 그쪽 원장의 전화도 몇 번 받았다.

우리의 삶은 참으로 난해하고 오묘하다.

목마름을 해소해줄 수 없는 많은 것들이 사막의 신기루처럼 저 멀리 나타나 손짓하며 부른다. 다가가서 움켜쥐고 들이키면 마음의 갈증이 사라질 거라고.

하지만 기억해야겠다. 신기루가 생기는 곳은 언제나 뜨거운 사막이라는 것을. 그리고 아무리 다가가도 도달할 수 없다는 것을.

4. 은퇴

30년을 거래하고 있는 치과 재료상이 있다. 그쪽 사장은 인간적으로 괜찮은 양반이고 믿을만한 사람이다. 우리 둘은 좁혀지지 않는 나이차를 유지하며 같이 꾸준히 늙어가고 있다.

환갑을 넘기고 나서 나는 자주 은퇴에 대하여 생각하고 있다. 혹 은퇴를 하게 된다면 그 양반에게 병원 뒤처리를 부탁할 생각이다. 그래서 그에게 물었다.

"보통 치과의사들은 몇 살에 은퇴합디까? 나도 미리 생각해 놔야 할 것 같아서, 너무 오래 병원하면 후배님들에게도 민폐가 될까 걱정도 되고…."

그런데 그가 대답이 없다. 그냥 맞은편 의자에서 실실 웃으며 한동안 쳐다만 보고 있다가 말했다.

"원장님, 은퇴한다고 하신 지가 10년도 더 되었고요, 한두 번 이야기하신 것이 아니고요, 환갑 되면 은퇴하겠다고 한 것 저는 여러 번 들었습니다. 근데 환갑도 이년 전인가요, 벌써 지났지 않습니까? 얼마 전에는 65세에 은퇴할 거라고 하셨고요!"

"내가 그랬던가? 그 참……. 음, 그랬던 것 같기도 하네!"

"은퇴 타령 고만하시고 그냥 일 좀 줄이시고요, 하실 수 있을 때까지 계속하십시오. 은퇴하면 딱히 할 만한 일도 없지 않습니까? 은퇴하신 선배 치과 의사 분들 제가 보니 다 후회하십디다."

"뭐 치과 그만두면 할 일이 없는 것은 아니고, 나름 생각해 둔 일들이 있기는 하요, 여행도 다니고, 전원생활도 하고, 그동안 못했던 봉사활동도 하고, 글도 적고 그림도 그리고, 개도 한 마리 키워보고 싶고, 스페니쉬 그레이하운드가 이쁘던데……."

"아이고~~~원장님, 은퇴하면 지금 말씀하신 거 다해도 시간이 넘쳐나고요, 그거 못 견디는 분이 대부분입니다. 그냥 일 줄이고 그 시간에 하고 싶은 거 하세요. 나이 들어서도 하는 일이 있는 분들이 제일 좋은 노후를 보내는 겁니다."

아마도, 나보다 몇 년 젊은 그의 말이 맞을 것이다.

내가 기대하고 있는 은퇴 후의 넉넉한 삶은 또 다른 사막의 신기루일지 모른다. 은퇴연금 광고지에 언제나 보이는 푸른 초원 위의 벤치, 그 벤치에 서로 어깨를 나란히 하고 앉아 있는 노부부, 바로 옆의 푸르고 무성한 잎을 가진 나무와 그 아래의 짙고 시원한 그림자, 저 멀리 맑은 하늘의 뭉게구름, 이 모든 것들이 가상공간 속의 허상이고 환상일 것이다.

은퇴 후의 삶은 마치 에드워드 호퍼(Edward Hopper)의 정적인 그림에 깔려 있는, 무료할 정도로 한없이 길게 이어지는, 아득한 적막함, 아마도 그런 것일지도 모른다. 광고 전단지의 배경그림 따위에 낚이면 안 된다. 지금이라도 꿈에서 깨어나야 한다.

삶의 여유(餘裕)에 관하여

여유의 사전적인 서술은 물질적 · 공간적 · 시간적으로 넉넉하여 남음이 있는 상태다. 그러니까 사전적 의미에 준하여 다시 풀어 본다면, 사는 데 여유가 있다는 것은, 돈이 쓰고도 남아돌고 집도 크고 넓으며 시간이 넉넉하여 마음껏 먹고 마시고 놀고 할 수 있는 그런 넉넉한 형편이라고 해야겠다.

꼬장꼬장 여유란 것을 다시 따지듯 적어보는 연유는 얼마 전부터 내가 "여유가 넘친다."는 말을 자주 듣고 있기 때문이다. "여유가 있다."를 넘어서서 "넘친다."는 여유가 내 속 어느 구석에 있기에, 오랜 친구들부터 처음 만난 분들에게까지 이런 말을 듣는지 내 스스로 좀 알아보고 싶어졌다.

말하자면 내 속에 있다고들 하는 '삶의 여유'가, '사전적 의미'에만 한정한다면, 내 안에 넘칠 정도로까지는 있음을 느끼지 못하고 있는 것이다. 하지만 여유로움이 상대적이고 오로지 물질적인 것이라면 어느 정도는 그럴 만하다고 여겨진다. 대한민국에서 지금 내가 누리고 있는 수준의 삶을 살기도 그리 흔치 않음을 잘 알고 있기 때문이다.

그런 면에서 나는 사회적으로 혜택을 받은 사람임을 인정하고 있고 내 나름의 사회 환원 같은 것을 힘닿는 대로 실천하려고 노력하고 있다.

그러나 나의 여유로움은, 혹은 여유롭게 보임은, 적어도 물질적인 충족으로 인한 것만은 아님을 이야기하고 싶어졌다. 잘은 모르겠지만, 나의 '여유 있어 보임'은 아마도 환갑을 넘기면서 떨쳐버린 것들로 인해 나에게 채워진 다른 것들 때문일 성싶다.

다 아시다시피 물질적인 욕망은 끝이 없고 세워놓은 인생의 목표는 이룬다 할지라도 언제나 최종적인 것이 아니다. 목표를 넘어서는 또 다른 목표는 밀려오는 수많은 뒷 파도와 같이 준비되어 있다. 그래서 모든 인생의 성취는 또 다른 출발의 기점이며 "조금만 더하고 그만두겠다."는 말은 우리 모두의 허망한 결심이자 변명일 뿐이다.

특별히, 그리고 이상하게도, 세상 재물은 많이 가질수록 넉넉하게 되기보단 인색하게 되고 여유로움을 주기보다는 목마름을 더 불러일으키는 듯싶다. 나는 그러한 물욕과 탐욕과의 싸움을 환갑 이후 더 자주 하고 있다. 항상 이길 수는 없어도 일방적으로 밀리는 싸움은 아닌 정도가 되었다고 생각한다. 그 결과로 생긴 얼마간의 마음자리가 다른 사람들에게 "넘치는 여유"로 보였을까?

어렸을 때 먼 친척 아저씨가 나에게 "니는 오십을 넘기기가 힘들지 모르것다." 그랬다. 빌빌거리던 나를 보고 혀를 차며 한 말이었다. 믿거나 말거나 그때 나의 별명이 '케이비씨(갈비씨)'였다. 키는 멀쩡 큰데 쭉정이처럼 말라 비틀어져 그야말로 역대급 케이비씨였다.

그랬던 내가 지금은 다이어트 할까 말까 걱정을 하면서 나이 환갑을 훌쩍 넘어 버렸다. 환갑을 넘기면서 내 기대 수명의 한계치를 넘어 살고 있다는 생각이 들었고, 그래서 남은 나의 잔여 연수들은 말하자면 축구의 연장전을 치르는 기분으로 살기로 하였다. 당연 "조금만 더!" 하겠다는 욕망은 점차 사그라졌다.

잔불이 남아 있는지 가끔씩 "뭘 좀 해 볼까?" 하는 생각이 들긴 하지만 그리 오래 타지는 않는다. 우리 마음속에 욕망이 아주 큰 자리를 차지하고 있음은 그 욕망을 비워 보면 제대로 알게 된다. 허허롭다고 할 정도로 비워진 마음의 빈 공간이 느껴졌고, 솔직히 말하자면 상실감, 무력감, 자연도태라도 될까 하는 불안감 같은 것도 꼬리를 물며 따라왔다.

인생의 60여 년 동안 천착하여 왔던 것이니 금단 현상이 어찌 없을 수 있겠는가? 하지만 환갑을 전후하여 겪은 육신의 병들은 더 많이 마음을 비우도록 가르쳐주고 도움을 주었다. 지식은 축적의 과정이지만 지혜는 떨쳐내는 과정이라고 하신 어느 분의 말씀은 나이가 들면서 내 마음에 점점 더 깊이 새겨지고 있다.

비우고자 함과는 다른 방향으로 인생길을 가는 분들에게 뭐라고 할 생각도 없고 자격도 없다. 하지만 나는 나의 이 작은 글을 통해 그간에 경험했던 사소한 오해들에 대하여 변명코자 한다. 우선 나는 세상 기준으로 지금보다도 더 많은 능력을 가지길 원치 않는다.

다시 말해 더 부를 축적하고 더 지식을 머리에 담고 더 경쟁력을 갖추어 세상살이에 더 능해지고 싶지는 않다는 것이다. 그런 면에서 내가 참석하는 세상 모임들은 매우 제한적인 편이다. 내가 어렵사리 비워 놓은 마음자리를 업그레이드된 스펙으로 다시 채우고자 분주하게 되지는 않을 작정이다.

또 먹고 놀고 마시고 하는 모임도 가리고자 한다. 우선 옛날처럼 무슨 음식이든 가리지 않고 잘 먹는 것이 어렵기도 하지만, 다들 무리지어 가는 길을 따라가지 않고 나 홀로 따로 있을 때 눈총과 타박을 주는 분들이 가끔 있기 때문이다. 모두들 즐겁게 음주가무를 즐기는데 나 홀로 도 닦듯 초상집 모드로 앉아 있으니 여러 모로 분위기를 깨는 밉상이 되고 말았다. 그래서 다 같이 함께 어울릴 수 없는 모임은 가급적 멀리 하고 있다.

아무쪼록 너그러이 관용을 베풀어 주시길 바랄 뿐이다. 나의 여유로움이 의도하지 않게 오만함, 도도함, 거만함으로 비추어 보일까 염려된다.

마지막으로 참된 삶의 여유는 '채움'이 아니라 '비움'으로부터 온다는 것을, 주제 넘는 일일지라도, 마음을 다하여 말씀드리고 싶다. 그리고 비우고자 하는 길은 좁고 협착하여 찾는 이들이 그다지 많지 않다는 것도 알려드리고 싶다.

나에게 오히려 부족하여 채울 필요가 있는 한 가지는 다른 사람을 사랑하는 일임을 깨닫고 있다.

오해(誤解), 그리고 늙음과 변명

내가 말한 것은 ABC였는데 그것을 들은 친구는 BCD로 듣는 경우가 있다. 그 친구가 다른 삼자에게 이야기하고 그것을 또 다시 들은 상대방이 CDF로 이해하면 나와 최종 화자(話者)는 오로지 C만을 공유하게 된다.
이것이 오해다. 그러니까 오해를 이해하는 것은 적어도 수식적으로는 참 쉽다. 하지만 오해를 푸는 것이 수학적 역산으로 가능할까?

요즘 나이든 것을 종종 이야기하고 있다. 그러다보니 아예 입에 붙었다. "아직도 일하십니까?"라는 소리를 후배님들로부터 연이어 들었기 때문이다.
늙음은, 적어도 아직까지는, 나에게는 완전히 신세계다. 그것을 순순히 받아들이기까지는 지금보다 훨씬 더 많은 '늙음'이 필요할지 모른다.
희미해져가는 젊음의 흔적을 붙들기 위해 늙어가는 것에 대한 변명이 이리도 많이 필요하게 될 줄은, 아니 이리도 구차스럽게 될 줄은, 미처 몰랐다.
늙음은 노화현상이 아니라 계속되는 변명의 시리즈물인가? 나는 언제까지 늙음을 변명으로 갈음할 수 있는 것일까?

집 근처 동백섬 산책길을 걷다가, 예전엔 몇 바퀴 곧잘 뛰기도 했다는 생각이 문득 들었다. 그래서 내친 김에 뛰어보았는데 숨 가쁜 건 두더라도 다리 근육이 견디지를 못하고 고만하라고 한다.
이것이 늙음인가? 육체의 노후가 늙음이라면 육체의 일부인 나의 머리통 속 뇌세포도 덩달아 낡아졌을 것이다.
62년 묵은 불쌍한 나의 머리통은 광속도로 스마트하게 변해가고 있는 세상 흐름을 어찌 하든지 따라가려다 지쳐 헉헉거리고 있는가? 그래서 요즘 들어 부쩍, 풀어내고자 하는 말이 엉켜 입속을 계속 맴돌고 있는 것인가?

내가 늙음에 대하여 변명하는 것은 생각해볼수록 상당히 억울한 일이다.
내가 저지른 일도 아니고 원한 일도 아니기 때문이다. 그래도 하여야 하는데 그것은 얼떨결에 다가온 늙음이 생소하기 때문이다. 적어도 앞으로 몇 년 동안은 그럴 것이다.
그래서 얼마 전 어떤 모임에서도 나이 들어가는 것에 대하여 주절거리며 변명했다. 특별히 환갑 여행에 대한 이야기도 곁들였다. 어쩌다 보니 그리 되었는데 그게 하소연으로 들렸는지, 혹은 나이 들은 걸로 젊음을 누르려는 꼰대의 잔소리로 들렸는지, 나보다 조금 덜 늙은 양반으로부터 한동안 구박을 받았다.
내 이야기에 띠껍어진 그는 고장 난 시디(CD) 플레이어 같이 술에 취해 같은 소리를 반복하였고 그것은 매우 효과적이었다. 나는 나의 실책을 금방 깨달았고 그가 하는 구박을 모임이 끝날 때까지 다 받아들였다.
하지만 그는 나의 본뜻을 오해한 것이다. 사람과의 관계가 나이순으로 정해지는 건 소시 적부터 내가 저항해 온 것이다. 사람의 성숙함은 나이 듦에 비례하는 것이 아니라 세상으로부터 받은 상처가 발효되어야 비로소 나타난다는 것이 내 생각이다.

그래서 애 어른이 있고 애 늙은이도 있는 것이다. 다시 한 번 이야기하지만 그때 내가 이야기한 늙음은 그와는 조금도 관계가 없다. 그것은 오해이고 그래서 또 변명이, 해명이 추가되고 말았다.

나이 들면 지갑은 열고 입은 닫으라고 하였다. 그걸 반대로 하니 구박을 받아도 싼 것이다. 그는 좋은 사람이니 이해해 줄 것이다.

그런데 왜 오해는 견디거나 그냥 안고 가기가 힘든 것일까?

니나 시몬(Nina Simone)이 노래한 "DON'T LET ME BE MISUNDERSTOOD!"는 노래가 아니라 구구절절 애처로운 변명이다. 뭉크의 '절규'도 변명이 통하지 않아 속이 터져 쏟아져 나온 애절한 고통의 표현일는지?

나는 감당키 어렵다. 늙는 것도, 오해 받는 것도, 변명하는 것도. 마음의 수양으로 오해받음을 다스릴 수 있는 일인지, 이 나이가 되어도, 이리 늙어도, 아직 모르겠다.

두려움에 관하여

초등학교 2학년 때였던가?

늦은 밤 버스를 타고 가다 깜박 졸았는데 그만 내려야 할 정류장을 지나쳐 버렸다. 종점까지 가버린 나는, 차가 끊긴, 가로등도 없는, 어두운 길을 다시 걸어서 돌아와야 했다. 8살 어린 아이 앞에 두텁게 펼쳐진 어둠은 그 짙은 만큼 두려움을 깊숙이 안고 있었다.

버스 종점의 불빛이 진이 빠져 맥없이 스러져간 길 저쪽 어둠 속엔 그 무엇인가가 도사리고 있고 그것은 나를 삼킬 준비가 되어 있는 듯하였다. 잿빛 어둠으로부터 두려움이 스멀스멀 번져왔다. 하지만 나는 집으로 돌아가야만 했다.

발걸음을 떼자마자 두려움과 어둠이 끈끈하게 온몸을 감아들기 시작했다. 논두렁을 끼고 있는 신작로를 따라 뛰다시피 걸었는데도 종내 두려움을 떨쳐낼 수가 없었다. 내가 가야 할 집은 어찌되어 이 끝 모를 두려움 건너 저 편에 있단 말인가!

소름이 잔뜩 돋은 팔을 떨치면서 걸어갔던 그 어두운 길은 내 유년시절 가장 길고도 먼 길로 기억되고 있다.

남자 아이 머릿속에 먹고 사는 문제가 들어오는 것은 보통 언제 적인가? 나의 경우에는 초등학교 5학년 때였던 것 같다. 아주 잠깐 생각 속에 머물다 사라졌지만 그 실체는 사실 두려움이었다. 이 두려움은 막막함이란 외투를 입고 등장하였다.

머지않은 장래에 어른이라는 인간이 되는 것을 피할 수가 없다는 사실은 그 자체로 두려움이었다. 뭔가, 감당치 못할 일들이 어른이 되는 문을 통과하자마자 몰려올 듯하였다. 도망갈 길이 없어보였고 그로 인해 두려움은 더 무거워졌다.

다행인지 무단히 헤집고 들어온 '먹고 사는 문제'의 두려움은 마치 방문객인 듯 나도 모르는 사이에 나타났다 사라졌고 고등학교 3학년 때 다시 나타나기까지 잠복기에 들어갔다. 고3 초봄에 다시 맞닥트린 두려움은 내가 반드시 넘어가야 할 대상으로 나타났다. 적어도 먹고 사는 문제로 인한 두려움 따위에는 굴복치 않을 생각이었다. 꽉 쥔 내 양 주먹을 보았던지 그 두려움은 순순히 물러났다.

나이가 들면서 두려움은 무슨 풀 방구리에 쥐 드나들듯 하는 것이 아니란 걸 깨닫게 되었다. 두려움은 내 곁에 한 결 같이 동거해 오고 있었고 때만 되면 구석 자리에서 일어나 떡하니 안방에 똬리 틀며 들어앉는 것이었다. 나는 두려움을 만난다는 것 자체가 두려워 애써 외면해 왔던 것이었다.

"두려워 말라."는 어귀가 성경에 365번 기록되어 있는 것과 1년이 365일인 것은 우연의 일치가 아닐지 모른다. 두려움은 평생의 동반자로 지낼 것이고 인생의 마지막 날에 이르러서야 비로소 작별을 고할 수 있게 될 듯하다.

지극히 사랑하는 나의 어머니는 당신이 돌아가시게 되면 화장을 하라고 이야기하셨다. 그리곤 말미에 "아이고 무셔라, 무서버라." 되뇌셨다. 사 년 전 돌아가신 어머니의 무서움은 나의 두려움과 동일한 발원지로부터 흘러나온 것이었다.

우리의 삶이 유한하고 육신은 후패해져 다시 진흙으로 돌아간다는 불변의 진리가 두려움으로 나에게 불쑥 나타나지 않기를 빈다. 준비되지 않은 상태에서 절대적인 두려움과 상면하고 싶지는 않다.

호화로운 깃털 장식의 번쩍이는 옷을 입고 화려하게 연주하는 것으로 유명세를 탄 미국의 피아니스트 리버레이스(Liberace)는 극심한 공포에 사로잡혀 사시나무 떨듯 떨며 죽음을 맞이하였다. 지난 세기 80년대에 1년에 오백만 불 이상의 엄청난 수입을 올렸던 그에게 닥쳐온 인생의 마지막 종착역은 두려움이었던 것이다.

사망의 음침한 골짜기를 홀로 다닐 자가 누가 있겠는가? 동행하며 빛을 비추어줄 자가 과연 있을 것인가? 스스로에게 물어 보아야겠다.

촌할배 서울 올라가다

강남구, 서초구를 가로지르는 양재천 산책길은 마음에 들게 잘 정비되어 있다. 내가 끙끙대며 낸 세금이 구축함 배 바닥에 장착할 엉터리 어군탐지기를 사는 데만 쓰이는 것이 아니라는 것을 알게 해준다.

메타세콰이어가 시원하게 늘어선 강변 윗길도, 그리고 개울 양쪽 물길을 따라 돌아가는 아래 산책로도, 바쁘지 않은 마음으로 걷도록 되어 있다. 산책길 옆을 따라 곳곳에 심겨진 꽃들이 철따라 만개하니 그 신통한 것들을 보는 것은 눈의 호사다. 개천 물은 깨끗하게 정화되어 그야말로 물 반(半) 고기 반, 수많은 잉어들이 떼 지어 몰려다니는데, 투망(投網)으로 잡겠다고 바지 걷고 첨벙거리는 양반들이 보이지 않는 것도 마음에 든다.

정신없게 휘몰아 돌아가는 이 거대도시에 이 정도의 수준 높은 휴식 공간이 있다니 우리나라도 웬만하게 발전은 했는가 싶다.

이쯤해서, 부산 문둥이가 부산 좋은 데 다 놔두고 "웬 양재천?" 하실 분을 위하여 부연설명을 좀 해야겠다. 서울에서 먹고 사느라 생고생하고 있는 딸을 위로하러 한 번씩 금요일 저녁 주말 서울 나들이를 한다.

딸내미 기쁨조의 임무를 완수한 다음 날, 전날의 고된 근무 탓에 휴일이면 늘어진 잠을 자고 있는 딸을 두고, 우리 부부는 깨금발로 집을 나와 양재천을 간다. 아침 7시 전후, 딸과 딸이 키우고 있는 고양이가 잠을 깨지 않도록 살그머니 문을 열고는, 아내와 나는 손을 잡고 소풍가듯이 양재천으로 가는 것이다.

남들 다 일하는 토요일에 양재천 물가에서 신선놀음하는 원장 탓에 성질나는 분들은, 아무쪼록 메인 것들을 떨쳐버리고 잠시 쉬어가 보시기를 권한다. 인생은 먹고 살기 위해 일하는 것만이 아니며, 돈은 가까이 가면 도망가고 멀리 하면 오히려 다가오는 요상한 것이다. 나의 존경하는 사부님 말씀이다. 들을 귀 있는 자들은 마땅히 들을지어다.

각설하고, 집을 나와 양재천으로 걸어가다 보면 조선 땅에서 제일 비싸고 호화로워 부의 상징으로 신문 지면에 종종 오르내리는 아파트들이 나타나는데, 으레 그렇듯 그런 아파트들 주변에는 괜찮은 커피 전문점들이 여러 곳 있다.

양재천을 오고 가는 즐거움 중 하나가 그런 커피숍에 들러 한 잔씩 하는 것이다. 그 동네 분들 입맛이 까탈스러운지 대부분 제대로 된 커피를 뽑아내 오는데, 특히 아침 커피를 즐기는 나는 앉은 자리에서 두 잔은 마셔야 한다.

인류사에 위대한 업적을 이룬 사람들은 난관을 극복하고 목적을 성취하기까지 적지 않은 양의 커피를 마셔야만 하였다. 그런 의미에서 나의 미약한 성취는 아직도 턱없이 부족한 커피 섭취량 때문일지도 모른다.

그래서 지난주 딸을 방문하고 양재천을 갔을 때도 여느 때처럼 커피 두 잔을 연이어 마실 참이었다. 그날은 보통 때보다 아침 일찍 집을 나섰기에 이른 시간에 문을 연 커피 전문점을 발견하였을 때 기분이 좋아졌다.

"오늘은 시작부터 잘 풀리는군."

속으로 중얼거린 나는 주문대 앞에 서서 베이글과 커피를 세트로 묶어 놓은 것을 선택하였다. 다만 커피는 아메리카노에서 카푸치노로 바꾸어주도록 부탁하고 차액은 지불하겠노라고 하였다. 아침 첫 커피는 역시 카푸치노가 제격이다. 그런데 주문대의 젊은 아가씨는 그렇게 안 된다고 고개를 설레설레 흔든다.

"아버니임~~(내 귀엔 영감님으로 들린다), 이 세트 메뉴는요오~~, 이렇게 해서 특~~별히 가격을 낮춘 거라서 그렇게 할 수 없습니다아~~."

말 중간 중간 단어를 길게 빼내며 이야기하는 건 상대가 말귀를 잘 못 알아먹을 것 같은 경우다. 초장부터 김이 샌 내가 다시 이야기했다.

"차액을 더 드려도 그리 안 되나요?"

"어르신~~(이 역시 내 귀에는 영감님으로 들렸다), 말씀드렸지만 안 되고요~~, 특별 가격이거든요오~~."

하는 수 없어진 나는 샌드위치와 카푸치노를 따로 주문하고는 한 쪽 구석에서 홀짝거리며 커피를 즐기고 있었다.

얼마 되지 않아 젊은 청년이 날렵하게 들어왔다

"세트메뉴 주시고요. 커피는 카푸치노로 해주세요."

"네~~ 500원 추가 하시면 됩니다."

"???"

내가 돈을 더 지불하겠다고 거듭 했던 말은 그 아가씨의 귓구멍에 아예 들어가지 못하였던 것이다. 세트메뉴의 커피를 카푸치노로 바꾸고 돈은 더 내지 않겠다는 그 동네 꼰대 영감들을 여럿 상대한 카운터 아가씨의 조건반사였던가?

똑 같은 주문에 다른 응대를 하는 커피점 아가씨 때문에 커피 맛이 영 떫어지기 시작하였는데, 기분 좋게 시작한 하루를 망치지 않으려면 이런 경우 따지는 것보단 그냥 넘어가는 것이 낫다. 하지만 커피 맛은 시금털털해졌고 앉은 자리에서 한 잔 더 마시려던 마음도 사라졌다. 얼마 남지 않은 커피를 한 입에 비우곤 나와 근처 다른 커피점을 찾았다.

그 집도 괜찮은 집이다. 다시 카운터 앞에 섰다. 이번엔 안경 낀 젊은 아가씨였다. 두 번째 커피는 라떼로 하기로 하였다.

"커피 라떼로 주세요."

"녹차요?"

"아니, 라떼요."

"녹차 라떼요?"

"녹차 아니고 커피로 해주세요."

"아~~! 아버님, 알겠습니다."

이 사오정 아가씨는 왜 자꾸 내가 녹차를 주문한다고 들을까? 보성다원 출신 '오월의 녹차영감'으로 보였는지 어쩐지, 아니면 주구장창 녹차만 마시곤 하던 이 동네 어느 영감과 내가 싱크로율 100퍼센트로 닮아 그러는 건지?

연이어 강남 커피점에서 겪는 젊은 청춘들과의 '불통의 아침'은 무엇이란 말인가? 어렵사리 녹차 대신 받아온 커피를 구석자리에서 앉아 마시며 계속 궁시렁거리고 있는 나에게 아내가 한 번 더 염장을 질렀다.

"헐렁한 배 바지 걸치고 촌스럽게 팔자걸음으로 댕기니 찌그러진 영감 취급 받는 거예요!"

한양으로 무작정 상경한 촌 영감 대접 탓에 양재천에서 받았던 상큼한 기분이 핫바지 방귀 새듯 사라져 버렸고, 다시 집으로 돌아오는 도중 내내 혼자서 툴툴대며 중얼거렸다.

"너들은 늙어 보았냐? 이것들아! 나는 젊어 보았다."

서울 분들은 잘 모르시겠지만 지방에 사는 사람들은 서울에 도착하면 웬 일인지 얼마간 주눅이 든다. 나이가 들면서 더욱 그런 느낌이 온다. 서울에서 적지 않은 햇수를 살다 낙향한 나도 그렇다. 서울에 비한다면 한참 느린 속도의 삶을 살다 갑자기 눈이 팽팽 돌아가도록 분주한 서울의 일상에 던져진 이질감 때문이겠다.

내가 시골서 '어화둥둥 내 사랑아~~' 하며 살아가는 동안 서울 분들은 '닥치GO! 돌격 앞으로!'를 외치며 어디론가 정신 사납게 달려가고 있으니, 이대로 시골서 계속 한가하게 노니작거리며 살면 나도 모르는 사이에 자연도태가 되는가 싶어 걱정이 될 정도다.

150여 년 전 대동여지도를 만든 고산자 김정호가 자신의 아들들에게 절대로 사대문 밖으로 나가 살지 않도록 당부한 것도 아마 그런 염려 탓일 것이다.

부산 동래구에 거주하는 월계수회(월요일부터 계속하여 수요일까지 노는 회) 회장 H군이 홀로 상경하여 서울거리를 헤매다 심심해서 빵집에 들렀는데, 부산 단골 빵집에서 늘상 하던 대로 이 빵 저 빵 손가락으로 찔러보며 나름대로 발효 정도를 검사하고 있었다.

그런 촌스런 만행을 그냥 보고 넘어갈 서울 아줌마가 있을 리가 없었고, "사지도 않을 빵을 왜 여기저기 찔러대고 있느냐?"고 엄청 야단을 맞고는, 자신이 찔렀던 모든 빵을 구매하여 검은 색 비닐봉지에 죄다 담아들고 온 적이 있다.

심한 문화적 충격을 받은 나머지, 점심 후 졸고 있던 나에게 급히 전화하여 위로해 주기를 구하였는데, 비몽사몽 얼떨결에 해준 위로의 말이 도움이 되었는지는 모르겠다.

“부산 아줌마들 ‘젊은 오빠’ 인기투표에서 연속 그랑프리를 받은 자네마저 서울서 봉변을 당하다니 과연 서울 아줌마들은 눈이 높구먼!”

환갑여행

"어영부영하다가 내 이렇게 될 줄 알았다."

조지 버나드 쇼의 묘비명처럼 우물쭈물 살다보니 세월은 흘렀고, 젊은 시절에는 까마득해 보였던 나이 60이 되어 버렸다. 일탈의 핑계거리로는 환갑이 그야말로 '딱 좋아!'인데, 그래서 여행을 떠나기로 했다.

프랑스 남부여행은 내 인생의 버킷 리스트 중 하나였고 그것을 실행할 때가 다가온 것이었다. 마음이 맞는 지인 몇 분들과 부부 여행을 하기로 하였다. 파리에 도착하자마자 테제베를 타고 프랑스 남부 보르도로 직행하였다.

거기서 일박 후 차를 빌려 까르까송을 거쳐 프로방스로 갔고 며칠을 돌아본 후 디종을 거쳐 다시 파리로 돌아왔다. 프랑스 남부를 열흘 정도 U자 모양으로 돌아다녔다.

좋았다. 하지만 환갑 기념 프랑스 남부여행을 다녀온 것으로 나의 버킷 리스트를 줄일 수가 없었다. 오히려 더 많은 리스트가 꼬리를 물고 추가되었다. 너무나도 좋았다. 한 번의 여행으로 밑줄을 그으며 지워버릴 수가 없는 매력과 아름다움을 느꼈던 것이다. 아, 프로방스여!

피터 메일의 베스트셀러 『나의 프로방스』(사실은 『프로방스에서의 1년』이 더 적절한 제목일지 모르겠다. 1월부터 12월 달별로 나누어져 서술되어 있으니까.)의 서문은 이렇게 시작한다.

"내 시계는 서랍 속에서 잠자고 있었지만 나는 마당에 드리워진 그림자의 위치로 시간을 대충 짐작할 수 있었다. 그런 것은 중요하지 않았다. 나는 욕심 없는 식물로 변해가고 있었다."

1년이 아니라 단지 사흘을 분주히 다녔을 뿐이다. 한정된 짧은 시간에 많은 것을 눈에 담고 느껴야만 하는 '워크홀릭' 대한민국 국민의 애처로움이여! 다시 못 올 것 같은 불안감 때문인지, 본전 생각 때문인지, 여기저기 허겁지겁 사진 찍기를 계속하다가 문득 자괴감이 들기 시작했다. 무슨 여행을 이리도 쫓기듯 한단 말인가?

프로방스는 달려가며 구경하는 곳이 아니었다. 피터 메일의 말대로 '욕심 없는 식물'이 되어 한 자리에 뿌리내려 계속 보아야 하는 곳이었다. 보는 것뿐만 아니라 몸으로 품으며 느껴야 하는 곳이었다.

푸르디푸른 하늘, 강렬한 햇살, 가끔 불어오는 신선한, 전원 향을 품은 바람, 담벼락 아래 그늘의 청량함, 완만한 구릉(丘陵)을 카펫처럼 덮은 푸른 생명을 품은 포도나무들, 평안히 눌러 앉은 마을들, 그리고 현자처럼 보이는 그곳 모든 사람들, 그래서 프로방스는 다가가서 보는 곳이 아니라 프로방스가 스스로 다가오기를 조용히 기다려야 하는 곳이었다.

기다리다 그야말로 나무가 되어 뿌리를 깊이 내리고는 그 땅의 테루와, 토양과 그 속의 영양분을 흡수해 보아야 하는 곳이었다.

나는 여행 내내 스마트폰에 풍경 사진 담기를 멈추지 않았다. 계속 찍어대고 있었다. 하지만 나의 버킷리스트에 "다음에 다시 오자, 1년은 못 할지라도 적어도 한 달은 있어 보자."는 항목을 추가해 버렸다.

그런 계획이 이루어지면 나는 또 다시 정신 사납게 사진을 찍어대지는 않을 것이다. 내 눈과 마음에 들어오는 모든 풍경을 하나씩 스케치할 것이다. 마을 성곽 위에 올라가서나, 포도원 돌담에 기대어서나, 길거리 노천 식당에 앉아서 지나가는 사람들을 쳐다보며, 매일 매일, 하루 종일 걸릴지라도,' 욕심 없는 식물'이 되어 프로방스를 마음속에도 오랫동안 스케치하며, 깊이 깊이 담을 것이다.

여행에 관한 소고(小考)

유럽 일주 7개국 8박 9일, 미 서부 핵심 일주 8일, 이런 패키지여행은 나의 스타일이 아니다. 무슨 여행을 내과의사가 하루에 환자 이백 명을 보듯 정신 사납게 한단 말인가? 그럴 거면 차라리 집 소파에 앉아 그 나라 관광청에서 정성들여 만든 소개 책자나 읽는 게 훨씬 낫다. 버스 타고 기차 타고 몰려가서 사진 찍고 기념품 사고, 또 버스 타고 기차 타고 다른 곳으로 가서 사진 찍고 밥 먹고 면세품 사고, 이런 식의 여행은 나로서는 별로다. 이것은 여행이 아니라 단순한 위치 이동이다. 돈이 아깝고 시간은 더욱 더 아깝다.

고리타분하게 들릴지라도 할 말은 해야겠는데, 여행의 참 목적은 한 마디로 자신이 안주하고 있던 환경을 떠나보는 것이다.

사람은 머물고 있던 곳을 떠나보면 스스로를 더 이해할 수 있게 되는 법이다. 자신에게 넘치게 있는 것, 그리고 꼭 필요하지만 부족하였던 것들은 잠시 일상을 제쳐두고 떠나가는 것으로 자연스럽게 느끼게 된다. 비워 봐야 채워져 있었다는 것을 비로소 알게 되는 것이 인생의 아이러니 아니던가?

적어도 내 경우는 그랬다. 그래서 나의 여행은 그야말로 내가 뿌리를 내리고 있는 삶의 터전을 훌쩍 떠나가 보는 것이다. 한동안 떠나가서 다른 삶의 형태와 조우해 보는 것이다.　여행지 낯선 먼 땅에 사는 그 사람들도 자신들에게 주어진 삶을 살아가는 인간들이다. 그들과의 만남으로 "사람 사는 건 어디 가나 다 같군."이라든지, "저렇게도 살 수 있구나." 하면서 다른 세상에서 살아가고 있는 이들의 삶의 편린(片鱗)을 맛보게 된다.

"나 이번에 유럽 한 바퀴 완전히 훑고 돌아왔어."

이러는 사람은 여행을 떠난 것이 아니라 실상은 깃발 따라 우르르 몰려다니며 유럽 현지 예비군 동원 훈련에 충실히 참가하고 돌아온 것이다.

개인적으로 여행지나 여정에서의 혼잡함은 질색이다. 정신없이 바쁜 일자리를 어렵사리 떠나왔는데 또 다른 형태의 혼돈을 만나는 것은 여행이 아니라 고행이다.

언제였던지, 동해안을 따라 내려오는 7번 국도에서 맞닥뜨렸던 교통정체는 내 생애 최악이었다. 멋모르고 나갔다가 주말 단풍 구경 인파에 휩쓸려 버렸던 것이다.

무엇을 향한 분노인지도 분명치 않았지만, 하여간 나는 꼼짝달싹하지 않고 있는 차 안에서 혼자 성질을 내고 있었다. 게다가, 이해가 잘 안 되는 일이지만, 차는 달릴 때보다 멈추어 서 있을 때 더 피곤해진다. 졸지에 무고하게 '7번국도' 감방에 갇힌 죄수가 돼 버린 나는 거의 두 시간째 찔끔찔끔 움직이고 있는 차 안에서 계속 툴툴거리고 있었다. 애꿎은 뻥튀기와 밥풀과자를 연신 가루가 날리도록 사납게 베어 물어도 분이 풀리지 않았다.

지치고 화가 나버린 나는 그때 내 환도 뼈 사이에 손을 넣고 맹서했다. 다시는 사람들이 우르르 몰려다니는 성수기에는 길을 나서지 않기로, 특별히 '7번국도'에는 얼씬도 하지 않기로.

오래 전 결혼기념일을 맞아 아내와 함께 로마에 갔을 때 묵었던 호텔은 그야말로 고풍스러웠다. 거의 200년 된 건물이었는데 호텔 안쪽 연회장의 천장은 아치 형태로 높이 올려져 있었고 바로크 시대의 천장화가 프레스코 기법으로 우아하게 그려져 있었다.

마침 비워져 있던 조용한 연회장 가운데에 아내와 함께 앉아서 이어폰을 끼고 모차르트의 아리아를 듣기 시작했다. 아이리버 MP3를 통하여 흘러나온 코지 판 투테의 〈산들바람은 시원하고(Un' aura amorosa)〉에 바로 정신을 잃고 몰입해 버렸다.

- 내 여인의 사랑스러운 향기가
- 내 마음에 기분 좋은 상쾌함을 가져다주는구나!
- 사랑의 희망으로 자라는 내 마음에
- 그보다 더 좋은 자양분은 없다오.

약간은 닭살 돋는 촌스러운 가사지만 그게 뭐 대수인가? 그렇게 상쾌한 산들바람은 그때 처음 느껴보았다.

얼마 전 늦가을에는 구례를 다녀왔다.

삼백년 한옥고택 '쌍산재'에 들러 하루를 보냈다. 오랜 가뭄 끝에 마침내 기상청은 꽤 많은 양의 강수를 지닌 가을비를 예고하고 있었다. 단풍은 절정에 이르렀고 내 마음의 영문 모를 오랜 가뭄도 무언가로 적셔줄 것이 필요했다. 그래서 택한 곳이 구례 '쌍산재'였다.

예의를 추구하는 마을이 구례(求禮)가 아닌가? 더군다나 구례 '쌍산재'에는 우리나라 십대 약수 중 하나인 '당몰샘'이 있다. 차를 달여 먹을 물로는 우리나라 최고로 알려져 있다. 지리산 그 높은 곳에서 땅속으로 스며들어 흐르다 이 고택 앞에서 샘 솟아나는 것이니 그 청정함은 이루 다 말할 수가 없다.

나는 쌍산재에 묵는 동안 뜨끈뜨끈하게 데워진 아랫목에 앉아 외여다지 문을 열고 처마 끝에서 떨어질 낙숫물을 볼 요량이었다.

여기저기 처마 끝 서까래를 따라 툇마루를 넘어 떨어지는 빗줄기를, 열려진 방문 틀의 프레임 가운데 몰아넣고, 건너편 안채를 배경으로 한동안 쳐다볼 생각이었다. 그래서 비는 반드시 와야만 했다. 그날 용하게도 기상청은 정확한 예보를 해주었다. 점점 굵어져 가는 빗줄기를 보면서 내년에는 내가 낸 세금 중에서 기상청 예산을 좀 더 떼 주어도 좋겠다고 생각했다.

마침내 처마 끝에서 대롱거리던 빗방울은 줄기가 되어 떨어지기 시작했고, 빗물소리는 높이 자란 후원 대나무들이 제 몸 비비는 소리와 함께 콘체르트가 되어 문지방을 넘어 내 귀로 전해져 왔다. 정말 잘 왔다 싶었다. 게다가 인심 후한 주인장 오경업 씨가 사랑채 처마 끝에 재달아 두었던 곶감까지 주었다.

저절로 흥취가 돋아 스마트폰 스케치 앱으로 그리기 시작한 쌍산재는 아직도 완성하지 못했다. 나의 서투른 솜씨로 그때의 그윽하고 아늑하고 정갈한 풍경을 표현하려니 잘 되지 않는 탓이다. 하지만 어찌 되었거나 계속 그려볼 작정이다. 쌍산재에서의 하룻밤은 아직도 내 마음 속에서 매일 조금씩 그려지고 있다.

만항재를 넘어가다

강원도 영월군 해발 1,573미터 함백산 중턱에 백두대간 만항재가 있다. 만항재를 넘어가는 산복도로는 해발 1,330미터인데 우리나라에서 제일 높은 곳을 통과하는 도로로 알려져 있다. 산을 즐겨 오르며 산시(山詩)로 노래하는 전재옥 시인은 만항재를 이렇게 그려 놓았다.

쭉 뻗은 곧은길만 보고
살아온 사람들은 구불구불한 길의
매력을 알 수 없을 게야
오른쪽으로 한 굽이돌면
다시 왼쪽으로 한 굽이돌아야 하는…….

한여름 8월 중순에 '굽이굽이' 돌아가는 만항재 길을 '걸어걸어' 넘어 갔다. 지겹도록 길고 무더웠던 2016년 여름이었다. 무더위에 지쳐버린 사람들은 가을이 오기를, 서늘한 바람이 한 줄기일지라도 불어오기를 학수고대

하였지만, 한 번 치고 올라온 북태평양 고기압은 내려갈 기미가 없이 줄곧 버티며 가을을 막고 있었다.

부산 해운대에서 한여름 찜통더위를 악다물고 견디던 나도 진이 빠져 어디론가 도망갈 곳을 찾았고, 그래서 몇 년 전부터 마음에 두고 있었던 함백산 인근 해발 1,030미터에 자리 잡은 장산 콘도로 차를 몰고 올라와 버렸다.

말 그대로 피서였는데, 멋모르고 피서지로 하필 해운대를 선택해 버린 수백만 대한민국 국민들을 측은히 여기면서 아내와 함께 해운대 마린시티를 떠나 강원도로 왔다.

백두대간 자락 해발 1,030미터의 장산 콘도의 저녁은 기대하였던 대로 시원하고 청량했다. 숲 향기는 열어 둔 창으로 계속하여 찬 기운을 머금고 들어왔고, 새벽에는 오슬오슬 추워져 이불을 끌어 당겨 덮고 잤다.

오랜만의 숙면으로 몸과 정신은 원기를 되찾았는데, 다음날 이른 아침 일어나자마자 왕성한 식욕이 몰려왔다. 식탐으로 소문난 치과 원장이 단지 시원한 잠자리 하나만 보고 그 먼 길을 왔겠는가? 인근 정선군 고한읍에는 우리나라에서 닭백숙 요리로 제일 맛있다고 소문난 '만항 할매 닭집'이 있다. 피서를 떠날 때부터 애시당초 아침은 그곳에서 먹을 작정이었다.

머물고 있는 숙소에서 만항 할매 닭집을 가려면 해발 1,330미터 만항재를 넘어야 한다. 오랜만의 꿀잠으로 기력을 재충전한 우리 부부는, 용감하게도, 걸어서 가보기로 하였다. 그래서 왕복 18 킬로의 백두대간 함백산 굽잇길을 아침 7시 조금 넘어서부터 걷기 시작했다.

만항재 꼭대기에는 '산상의 화원'으로 불리는 야생화 공원이 있다. 야생화 사진을 찍으려는 사람들로 북적이는 이름난 곳이다. 만항재 오르막길을 걸어 올라가면서 야생화는 산상의 화원에만 있는 것이 아니라는 것을 곧 알게 되었다. 함백산 굽이치는 길 주변이 온통 야생화 천지였다. 강렬한 여름 햇살과 숲속 짙은 그늘이 교차하는 모든 곳에 야생화들이 만개해 있었다. 미당 서정주 선생께서는 제자들이 "이름 모를 꽃"이라는 문구로 글을 적으면 몹시 야단을 치셨다고 한다.

"세상에 이름 없는 꽃이 어디 있는가? 모두 자기가 무식해서 모를 뿐이지!"

같이 걸어가던 아내가 눈부시게 아름다운 들꽃들을 보고 "이게 무슨 꽃이에요?" 연신 물어 보았지만 내가 대답할 수 있는 꽃은 거의 없었다. 무지몽매한 나에게는 모두가 '이름 모를', 그러나 아름다운 꽃들이었다. 흰 꽃, 노란 꽃, 파란 꽃, 주황색 꽃, 자줏빛 꽃, 바람에 흔들리는 꽃, 유난히 꿀벌들이 몰리는 꽃……. 중얼거리는 나에게 아내는 미당 선생처럼 야단을 치지는 않았다.

거의 두 시간을 걸어 만항재 하늘 정원에 이르렀고 잠시 쉬는 동안 둘러보니 야생화들의 이름들이 적힌 팻말들이 길을 따라 세워져 있었다. 올라오며 보았던 들꽃들의 이미지와 그 이름들을 맞추어 보면서 한 들꽃의 이름을 알게 되었다. '일월비비추', 이 얼마나 아름다운 이름인가! 나는 가슴을 쳤다. 해를 따라 진보라색 꽃잎의 방향이 바뀌며 비비 튼다고 해서 붙여진 이름이다.

만항재 넘어 내리막길로 3킬로 정도를 더 걸어가면 '만항 할매 닭집'이 나온다. 오전 10시가 다 되어 도착하여 아점으로 느긋하게 닭 한 마리를 먹어치웠다. 둘이 먹기엔 많은 양이었지만 깨끗이 해치우고 말았다. 잠시 부른 배를 만지고 있다가 다시 왔던 길을 되돌아왔다. 돌아오는 길에 숙소 가까운 곳에서 양봉하는 아줌마 집에 잠깐 들러 피나무 꿀 한 병을 사들고 숙소로 돌아오니 오후 1시가 훌쩍 넘어 있었다.

굽이치는 함백산로를 따라, 갈 때는 먹어야겠다는 절박한 심정으로, 돌아올 때는 소화를 시켜야 또 점심을 먹을 수 있다는 원초적 욕망으로 걷고 또 걸었다. 오고 가고 26,000걸음, 5시간을 넘게 걸었고 열량은 1,100칼로리를 소모했다.

함백산로를 따라 넘어가고 오는 동안 우리 부부처럼 걸어가는 사람은 한 사람도 없었다. 가끔씩 지나가는 차에 탄 사람들은 산책하듯 느릿느릿 백두대간을 걸어가는 우리 부부를 쳐다보며 황당해 하였다.

하지만 무론 빨리 가는 자는 주위를 돌아볼 여유가 없는 법이다. 천천히 갈 때만 오감을 활짝 열고 감추어진 모든 세미한 것들을 몸으로 느끼고 마음속에 담을 수가 있다.

도중에 길바닥에서 햇빛에 반짝이는 물체를 발견하여 집어 들어보니 오백 원 동전이었다. 만항재 꼭대기 휴식처에서 아이스커피를 사면서, 버려진 후 잊혀진 이 불쌍한 동전을 보탰다. 바람결 따라 천천히 걸으면 가외로 얻는 게 생각보다 훨씬 많다.

대봉감 유감(遺憾)

하동 악양의 대봉감은 정말 맛있다. 감 중의 왕이라고 할 만하다.

섬진강의 맑은 물과 악양의 비옥한 토양 탓인지 뒤끝이 상쾌한 단맛이 과육 가운데 넘친다. 이 황홀한 맛에 이끌려 매년 11월 초면 열리는 하동 대봉감 축제에 한동안 빠지지 않고 가보곤 하였다. 과거 완료형 시제를 쓴 것은, 벌써 아셨겠지만, 지금은 잘 가지 않는다는 것이다.

우선은 근처 마트에 가면 영업 담당자가 엄선하여 구비해 둔 상급의 대봉감을 손쉽게 구할 수 있어서다. 값이 비싸지 않느냐고? 그렇지도 않은 것 같다. 오히려 현지에서 사는 것보다 더 저렴한 느낌이 있다. 매년 대량으로 구입하는 큰 손이니 현지 대봉감 생산자들이 무시할 수 없어 최상품을 최저가로 건네주는 것이 아닌가 한다.

대봉감 축제 때 현지에 가서 몇 상자 사들고 오곤 했는데 그때마다 집사람에게 핀잔을 들었었다. 비싼 교통비 들여 마트 대봉감보다 못한 걸 비싸게 사온다고. 우리 남자들은 현지에서 사는 것이 더 품질이 좋고 싸겠거니

하는데 그게 그렇지 않은 모양이다.

대봉감 축제에 마지막으로 가본 해가 언제 적인지 잘 기억은 나지 않는다. 하지만 그때 나는 사랑하는 어머니를 모시고 갔다. 섬진강 주변의 아름다운 풍경을 보여드리고 덤으로 맛있는 대봉감도 사드리고 싶었다. 평사리를 지나 화계장터까지 이어진 국도는 내가 즐기는 드라이브 코스 중 하나다. 축제가 한창 때였던지라 그 국도변 양측으로 먹음직스러운 대봉감을 현지 농장 주인들이 진열해놓곤 지나가는 관광객들을 손짓하며 부르고 있었다.

어디서 대봉감을 살까 차를 달리면서 가늠하다가 화개장터 조금 못 미쳐 어느 농원에 들어갔다. 주차하기가 편해서 들어갔는데 환갑은 되었음직한 부부가 반갑게 맞아 주었다. 부인은 먹어 보라고 대봉감을 접시에 듬뿍 담아 주었고 맛을 보니 과연 '임금님께 올린 진상품'이라던 대봉감이었다. 어머니도 드셔보시곤 "괜찮네! 맛있다." 하시며 흡족해하셨다.

나이 좀 되어 보이는 남편은 푸른색 넥타이를 멋들어지게 매고 있었는데 인심 후하게 보이는 미소를 지으며 더 먹어보라고 권하였다. 주인과 대봉감 모두가 마음에 들어 다른 친척들에게도 나누어 줄 겸 여러 상자를 사서 차 뒤에 실었다.

나는 냉장고가 비어 있으면 세상이 텅 빈 느낌이 들어 왠지 불안한 사람이다. 대봉감을 익힌 후 냉장고에 가득 채워 넣어두고 겨우 내내 먹을 생각을 하니 마음이 평안해졌다. 집으로 돌아와 대봉감 익히기 좋은 자리를 찾아 가지런히 모셔 두었다. 대봉감이 익기를 기다리는 며칠이 참기 어려워 지겨워졌다.

하루 일을 마치고 집으로 오면 집사람에게 "인제는 익지 않았을까?" 물어 보곤 하였다. 마침내 때가 되어 대봉감을 먹어 보았는데 이런! 이런! 거의 대부분이 대봉감이 아니라 떡감이었다. 이 상자, 저 상자 것도 두루 먹어 보았는데 대봉감보단 떡감이 더 많았다.

황당하였다. 내 눈으론 어느 것이 대봉감인지 떡감인지 구분이 어려웠는데 그래서 그 부부가 수작을 부린 것일까? 부아가 슬슬 치밀어 오르기 시작할 때 모친이 전화를 주셨다.

"야야! 하동서 사온 감이 다 떡감이더라. 그 영감탱이가 떡감을 대봉감인 양 속카 팔았다! 넥타이를 매고 있어 신사인 줄 알았더니 꼬롬한 문디 영감쟁이다."

나는 섬진강을 사랑한다.

하동 악양 평사리의 해질 무렵 고즈넉해진 은모래 길을 그리워한다. 잔잔히 흐르는 섬진강 강변 모래톱에 하루 종일 앉아 있을 수도 있고 언젠가 그리 해볼 작정이다. 하지만 이제 대봉감은 사지 않을 것이다. 그냥 집근처 마트에서 사먹을 것이다. 진짜 대봉감은 악양이 아니라 마트에 더 많이 있기 때문이다.

감천 문화 마을을 바라보며

믿거나 말거나, 환갑 진갑을 넘긴 나도 한때는 어린 아이였다.

그것도 별명이 '갈비씨'로 불릴 만큼 호리호리한 어린아이였다. 조그마한 데다, 나는 우리 형제 중 막내였다. 그래서였는지 부친은 그 옛날 60년대에 택시를 타면 나를 보조좌석 뒤편 한 뼘 공간에 몸을 구부려 들어가 있도록 했다.

우리 가족 5명이 모두 한 차에 탈 때면 언제나 그래야만 했다. 인원 초과로 교통순경에게 들킬까 봐, 운전수는 타고 가는 내내 나를 보고 "야야~~, 쪼매 더 수그리거라~~" 했다. 나는 바깥풍경을 구경하기는커녕 차 밑바닥만 내내 쳐다보면서, 우리 가족이 모두 다 함께 가는 목적지로 갔었다.

그렇게 해서 타고 가는 우리의 목적지는 감천 마을이 마주 보이는 곳 산 중턱, 할아버지 할머니의 묘소였다. 명절 성묘 때마다, 타고 가는 택시는 달라졌지만 내가 타고 가는 모양새는 여전하였다.

성묘를 마친 후 건너편 감천 마을을 보면서, 어린 마음에도 거기 사람들은 참 고단하게 산다 싶었다. 내가 겪은 고단한 택시는 깜도 안 되는 것이었다. 산꼭대기까지 연이어 따닥따닥 붙은 판잣집들은 그야말로 벌집처럼 모여 있었고 마을은 무채색으로 온통 덮여 있었다. 바로 옆 화력발전소는 검은 매연을 뿜어내 감천마을 하늘마저도 칙칙한 잿빛으로 만들어 버렸다. 여기저기 널려 있는 빨래들도 흰색이 아니라 회색이었다.

그때 우리가 살던 감만동도 어수선하기로는 부산에서 손 꼽혔지만 그래도 감천마을보단 나았다. 이곳 감천 마을에 살고 있는 사람들은 도대체 어디서 모여들었을까? 찌그러진 합판과 녹슨 양철 지붕으로 겨우 비를 피할 거처를 만들어 놓고, 생기기는 우리 식구들과 거의(?) 똑 같이 생긴 사람들이 그 밑에서 옹글거리고 살고 있었다.

애드가 앨런 포우가 감천마을로 와서 잠깐이라도 살았더라면 〈검은 고양이〉보다 훨씬 더 음울하고도 섬뜩한 소설을 줄줄이 써 내려갔을 것이다.

세월이 흘러 부친은 묘지를 이장하셨고 그 이후론 감천마을이 내 기억 속에서 사라졌다. 언제부터인가 '감천 문화 마을'이 뉴스에 나타났는데 나는 감천마을에 무슨 '문화'가 있을 수 있을까 생각했다. 내 기억속의 그곳은 '문화'가 아니라 가난, 기아, 고단한 인생, 그리고 미로와 같은 골목길이 엉켜 있는 곳일 뿐이었다.

주황, 파랑, 청록의 원색으로 덧칠한 지붕과 골목길 담벼락을 따라 그려진 아기자기한 삽화들만을 보려 그곳에 간다면 그것은 번지수를 잘못 찾은 경우가 될 것이다. 적어도 내 기억속의 감천마을은 각양 원색의 지붕 아래 여전히 깔려 있는, 지워지지 않을 삶의 고통과 애환이 짙게 새겨져 있는 곳이다.

나이가 들수록 세상의 어떤 지식, 지혜도, 험한 세상을 모질게 견디며 살아간 보통 사람들의 세월의 흔적을 감당하지 못한다는 느낌이 든다. 어쩌면 그것이 감천마을 문화의 본질일지 모른다.

순천만 여행

의사들이 왜 한 결 같이 희멀건 얼굴들을 하고 있는지 아시는가?

심각한 만성 비타민D 부족 때문이다. 의사 가운을 입는 그날부터 형광등 아래에서 일생을 보내기 시작하면서 나타나는 현상이다. 봉직의는 어떤지 몰라도 개업 의사들의 비타민D 부족은 꽤 심각하다.

병원 개업은 자영업이 아니라 사실은 자승자박(自繩自縛)업이라고 해야 될 것이다. 스스로 고래 심줄보다 질긴 목줄에 매여 그늘진 40평 진료실 안을 맴돌며 살아가는 것이 개업의들의 일생이다. 햇빛을 볼 기회 자체가 드물다. 그러니 무슨 비타민D가 체내에 합성이 되겠는가? 병원을 차린 곳에 자기 뼈를, 위축된 다공질의 뼈를, 묻을 운명이 되는 것이다.

나는 내가 지은 감옥 속에 갇혀 있다
너는 네가 만든 쇠사슬에 매여 있다
그는 그가 엮은 동아줄에 엮여 있다

우리는 저마다 스스로의
굴레에서 벗어났을 때
그제사 세상이 바로 보이고
삶의 보람과 기쁨을 맛본다.

반갑고 고맙고 기쁘다
네가 시방 가시방석처럼 생각하는
너의 앉은 그 자리가
바로 꽃자리니라

꽃자리/ (具常, 1919~2004)

나 역시 지난번 종합검진에서 비타민D 부족이 나타났다. 벌써 몇 년째 그 모양이다. 나보다도 더 얼굴이 희멀건 의사 선생이 야외활동을 많이 하라고 열심히 권했다. 안 그래도 치과 개업 30년, 나이 60을 넘기면서 나는 자주 병원 탈출을 시도하고 있다.

그런데 작심하고 내디뎌 본 병원 밖 세상이 그리 편치 않다. 우선 눈이 부신다. 그리고 막막하고 생경하다. 영화 〈쇼생크 탈출〉에 나오듯이, 평생을 교도소에서 지내다 가석방된 모건 프리만(Morgan Freeman)의 기분이다. 평일 날 정오에 햇빛 가득한 거리를 멍 때리며 나댕기는 치과 의사는 전국적으로 살펴보아도 드물 것이다.

근원을 알 수 없는 불편한 불안감이 언제나 동행한다. 다시 병원으로 돌아가서 평생을 지켜온 안락한 나의 그늘진 자리에 앉아 있고 싶을 정도이다. 나는 이 어처구니없는 불편함을 어찌 하든지 떨쳐보기로 했다. 불편한 일은 자꾸 해보면 결국엔 편안해진다는 게 내 경험이다. 그래서 작정한 것이 매주 금요일 정오에 떠나는 여행이고 지난주의 목적지는 오랫동안 가보고자 열망하였던 순천만이었다.

내가 가보고자 했던 순천만은 차 없이 다녀오는, 걸어서 느껴보는 순천만이었다. 배낭에 김밥과 물, 그리고 몇 알의 사탕을 담고는 땡볕을 쬐며 부전역으로 향했다. 오후 1시 50분 출발 순천행 무궁화호에 몸을 실었다. 얼마만에 타 보는 완행열차이던가?

생전 처음 기차타고 소풍가는 초등학생처럼 맘이 들뜨기 시작했다. 역마다 기차는 멈추어 섰고 수많은 사람들이 타고 내렸다. 나 같이 얼굴이 희멀건 사람은 적어도 내가 탄 열차 칸에는 하나도 없었다. 모두들 큰소리로 웃고 떠들며 끊임없이 이야기하였고, 낮잠을 자는 양반들은 일제히 우렁차게 코를 골았다.

무궁화호 완행열차는 완전 신세계였다. 기차를 따라 흐르는 낙동강, 강을 따라 만들어진 자전거 길, 산책로, 논밭, 천천히 다가왔다 사라져 가는 들녘, 그런 것들을 3시간 남짓 쳐다보았더니 어느새 순천역에 도착해 있었다.

순천역은 순천시의 구도심에 위치해 있다.

순천만은 순천역에서 10Km 조금 더 되는 거리다. 걸어서 갈까 말까 순천역 관광안내소의 지도를 쳐다보며 고민하였다. 길은 순천 시내를 관통하여 순천만으로 흘러가는 동천을 따라 가면 되는데 문제는 시간이었다. 저녁 7시는 되어야 도착할 것인데 혹 길을 잃어버리면?

안 되겠다 싶어 택시를 타기로 하였다. 여행은 계획을 세워 움직이는 것보다 생각이 닿는 대로 가는 것이 제격이다. 그래서 잡아 탄 택시의 운전수 양반이 경상도 분이었다.

"손님, 말투를 보아하니 제 고향에서 오신 분 같습니다. 부산 영도가 제 고향입니다." ·

그 말을 시작으로 순천만 입구 내릴 때까지 계속 순천에 대하여 이야기해 주었다.

"순천시가 얼마나 넓은지 아십니까? 시계가 광주와 접하고 있습니다. 송광사, 선암사, 주암댐, 전부 순천시에요. 그런데 인구는 30만이 안 되고요, 그래서 여기는 부동산이 재미가 없어요. 팔리지도 않고 살 사람들도 별로 없고요. 손님 내린 순천역이 구도심인데 그 부근은 지난 십 수 년 동안 그대로입니다. 전혀 변화가 없어요. 여수, 광양하고 통합했으면 하지만 그쪽 사람들이 싫어하네요. 여긴 돈 되는 것이 별로 없거든요."

택시기사 분들은 무인도에 표류하여 고립된 지 아주 오래된 사람들 같다. 승객들이 무인도 근처를 지나가는 배인 양 계속 큰소리로 외치며 이야기한다. 그것이 구조 신호라면 나는 귀 기울여 들을 수밖에 없다.

"순천만은 계절마다 한 번 이상 오셔야 다 봤다 할 수 있습니다. 지금은 AI 때문에 탐방이 좀 제한되어 있을 거고요, 오늘 저녁 석양을 보시면 좋은데…. 순천만 정원으로 연결되어 있는 모노레일도 한 번 타 보세요."

"제가 공직에 있다가 퇴직한 후 좀 쉬다 이 일 시작했습니다. 놀면 뭐 합니까? 남자는 그저 집에 들어갈 때 먹을 거 한 봉다리라도 들고 가야 사람대접 받는 거 아니겠습니까? 놀아보니 그것도 할 짓이 아니더라고요."

"제 큰 아이가 이번에 공무원 시험에 합격했어요. ……."

더 이상 그의 '구조신호'를 들을 수 없었다.

순천만 입구에 도착했기 때문이다.

오늘 걷지 못한 길들은 내일 겹쳐 걷기로 했다.

그러기 위해선 잘 먹고 잘 자야 한다. 근처 꼬막 정식 식당에서 저녁을 먹었다. 무진(霧津)식당이었다. 잘 버무려진 꼬막무침을 보면서 작가 김승옥 선생의 〈무진기행(霧津紀行)〉이 이곳 순천만을 배경으로 그려졌다는 것이 기억났다.

숙소는 식당에서 멀지않은 펜션 '순천만 여행 스케치'로 정했다. 숙소 침대의 이불에 붉고 푸른 자수로 '호접지몽(胡蝶之夢)'이라고 수놓아져 있다. 나비가 되어 순천만 갈대숲을 날아다니는 꿈을 꾸게 하는 펜션이다. 그런데 어쩐지 닭살이 돋아 잠이 올는지 모르겠다.

순천만 자연습지 공원의 개장은 아침 8시부터다.

그렇지만 아침 일출 20분 전으로 하는 것이 더 나을 것이다. 폐장 시간도 일률적으로 정하기보단 일몰 이후로 한다면 순천만이 더 아름다워질 것 같다. 순천시 공무원들은 공원관리보다도 낭만에 대하여, 그리고 시적인 정취, 포에지(poesie)에 관하여 좀 더 공부해야 한다. 가수 최백호 씨를 초청하여 그의 노래, 〈낭만에 대하여〉를 듣는 것도 도움이 될 듯하다.

이른 아침 안개 낀 순천만을 보려고 서둘러 나섰던 나는 지금 근처 커피숍에서 카푸치노를 마시며 개장 시간을 기다리고 있다. 약간 김이 빠진 상태다. 하지만 커피 한 잔 마신 후 들어가 보는 것도 나쁘진 않다.

8,000원의 입장료를 내고 순천만 습지 안으로 들어섰다.

우선 왕복 4km 조금 더 되는 용산 전망대를 다녀오기로 했다. 운치 있게 조성된 나무 데크 길을 따라 천천히 걸었다. 갈대숲 사이의 갯골이 완만한 곡선을 그리며 휘어져 멀어져 간다. 수많은 철새들이 갯벌 가까운 쪽 습지에 줄을 지어 모여 있다.

갈대 베기가 시작된 습지는 군데군데 바닥을 드러내고 있다. 작은 우주를 형성한 무수한 구멍들이 진흙 바닥에 보인다. 내 키보다 더 크게 자란 겨울 갈대들이 황금색 군집을 이루며 끝없이 펼쳐져 있다. 용산 전망대에 오르자 광활한 습지가 눈 아래 펼쳐졌다. 군락을 이룬 갈대숲이 거대한 단색화로 시야를 단숨에 압도한다.

인간의 손길이 닿지 않는 자연 그대로의 풍경은 부드럽게 적막하고, 따뜻하게 외롭다. 어찌 되어 인간은 인간의 흔적이 사라진 곳에서 더 평안과 안식을 느끼는가? 새들의 울음소리가 바람소리에, 그리고 갈대 부딪치는 소리에 산란되어 들린다.

순천만 갈대는 넘치도록 서로 넉넉하다.

닿을 듯이 가까이 심어져 자라도 서로 상처를 입히지 않는다. 비바람이 몰아쳐도 그렇다. 순천만 갈대들은 순천 시내를 흐르면서 오염된 동천 강물만 정화하는 것이 아니었다. 부대끼며 사느라 때 묻고 헤어져 너덜거리는 인간의 마음도 씻어주고 보담아 주었다.

부산 해운대의 '생각하는 갈대'가 순천만의 '바람에 흔들리는 갈대'를 바라보다, "반갑고 기쁘고 고맙게도", 던져 버리듯 떠나 왔던 자리로 다시 발길을 되돌릴 수 있게 되었다. 스스로의 굴레를 벗어던져 버림으로 가시방석처럼 여기던 원장실 '그늘진' 자리가 바로 "꽃자리"임을 깨닫게 되었기 때문이다.

비오는 날 동백섬

무슨 정신으로 그리했는지 지금은 아리송하다.

굵은 비가 28층 고층 아파트의 창문을 요란하게 때리던 어느 초여름 날 늦은 밤이었다. 심한 비바람을 예고한 일기예보를 믿고 일찌감치 집에 들어왔고 예보는 용케도 들어맞았다. 이른 저녁을 같이 하며 이런저런 이야기를 나누던 아내는 피곤하였던지 일찌감치 침실로 들어 가 버렸다.

혼자 거실 소파에 앉아 신문을 뒤적이다 문득 무엇인가가 부족한 듯 허전한 느낌이 들었다. 그 느낌 탓인지 일어나 집을 떠난 지 오래된 아이들의 빈 방에 들어갔다. 창문틀에 가지런히 올려진 녀석들의 사진을 한동안 들여다보았다. 언제 적 사진인지, 우리 가족이 모두 다 모였던 게 어느 해였던지 생각하며 어슬렁거리다 나왔다. 그리곤 거실 창문가에 다가갔다.

세찬 바람에 밀리어 유리창을 사선으로 흠뻑 적시는 장대비 탓에 바깥 풍경은 어둠 속에서 퇴색되고 흩어져 그 윤곽이 그저 막막하고 모호할 뿐이었다. 빗물에 적셔진 도로는 멀리 사라져가는 자동차의 궤적을 어른거리며 한동안 품고 있었다.

영문 모를 나의 허전함은 여전히 채워질 기미가 없었다. 눈길을 돌려 거실 다른 쪽 동백섬으로 이어진 해변도로를 쳐다보았다. 아무도 없었다. 내려다본 해안도로에는 가로등 불빛이 산란되어 비바람에 흩날리고 있었다. 차와 인적이 사라진 해변 길은 드센 비바람에도 불구하고 묘하게도 고즈넉한 느낌이 들었다. 그때 동백섬으로 가봐야겠다는 생각이 느닷없이 불쑥 들어왔다.

비옷을 걸치고 우산을 집어 들고는 아파트를 나섰다.

널뛰듯 방향을 바꾸며 사정없이 불어대는 바람에 우산은 일찌감치 접어 버렸다. 세찬 비가 얼굴을 두드리기 시작했다. 해안 방파제를 때리며 넘어온 바닷물이 빗물과 섞이었는지 비릿하고 짭짜름하였다.

집에서 나온 지 채 얼마 되지 않아 아래쪽은 속곳까지 금세 젖어 버렸다. 내가 바람골이라 부르는 해변 굽잇길을 지나가자 바람은 더욱 거세어졌고 향방 모르게 불어대던 바람이 갑자기 등 쪽으로 모이기 시작했다. 뒤에서 불어대는 바람 탓에 떠밀리듯 낙엽 구르듯 동백섬으로 밀려갔다.

"돌아올 땐 꽤나 고생하겠군!"

잠깐 생각이 스쳐갔지만 개의치 않았다. 어찌 되었거나 동백섬으로 갈 작정이었다.

동백섬 입구에 서서 동백나무 사이로 이어진 해안 산책로를 한동안 지켜보았다. 아무도 없었다. 신통하게도 바람은 동백섬에 들어서자마자 잠잠해 들었다.

하지만 해변 키 큰 소나무들이 '쏴아' 소리 내며 휘청대는 것을 보니 바람이 그친 것은 아니다. 바람길로부터 분리된 동백섬 산책길은 끝이 없는 길처럼 원근법을 보이며 이어져 있었다. 길을 따라 도열한 가로등들은 달무리처럼 조용히 자기 주위를 밝히고 있었고, 가로등 빛에 반사되어 반짝이는 빗물은 쌀알처럼 흩어져 쌓일 듯이 조용하게 저 하늘 위로부터 내려오고 있었다.

동백섬이 비에 적셔져 물감이 번지고 있는 수채화가 된 듯 연이어 채도를 변화시키며 눈앞에 펼쳐졌다.

들고 간 우산을 다시 펴들고 걸음을 내디뎠다. 한 바퀴 돌면 보통 10분 걸리는 거리다. 하지만 서두르고 싶지 않았다. 천천히 걸음을 떼니 여기저기 고여 있는 빗물이 발걸음에 비산되어 숲 향기를 머금고 흩어져 나갔다. 누리마루를 지나고 등대를 지나치고 그렇게 동백섬을 돌기 시작했다. 여전히 아무도 없었다.

인적이 끊긴 동백섬을 돌고 또 돌고 하던 중 어렴풋이 떠오르는 생각이 있었다. 우리의 삶과 우리를 에워싼 세계는 그지없이 아름답지만 그것을 느끼지 못하도록 가리는 것들이 세상에 그득하다는 것을.

원래부터 변함없이 아름다웠던 세계는 반복되는 일상의 루틴 깊숙이 가라앉아 있었고 폭풍우로 고층 아파트에 갇혀 무단히 단절된 탓으로 마음의 표면으로 떠올랐다.

비오는 날 동백섬으로 몰고 간 내 마음의 빈자리는 세상과 분리되어 홀로 되었을 때야 비로소 존재함을 나타내었던 것이다. 그리고 그 빈자리는 정신없이 살아가는 세상에 속한 것들로는 좀처럼 채워질 수 없는 것이었다.

비오는 날 동백섬은 순전히 아름다웠다. 그 아름다움이 가슴속 깊이 젖어들면서 내 마음의 빈자리는 홀연 가득 채워지고 말았다.

동백섬에서 만나는 사람들

세상 구경 중에 볼만한 것이 사람 구경이다. 그리고 우리나라에서 사람 구경하기 좋은 곳이 다름 아닌 해운대구 우동 783-1에 위치한 동백섬이다.

전국에서 각양각색의 사람들이, 요즘은 온 세상 먼 나라 외국인들까지도 우르르 몰려와 동백섬을 찾는데 가히 볼만하다. 수영복만 걸친 사람들이 와글대는 해운대 해수욕장 쪽보다는 그럭저럭 걸쳐 입고 다니는 동백섬 산책로가 훨씬 볼거리가 많다. 사람은 훌러덩 벗고 나면 다 고만고만하고 비슷해 보이기 때문이다.

동백섬이 볼거리가 많다는 것을 알게 된 것은 얼마 전부터 그쪽으로 아침, 저녁 산책을 나가기 시작했을 때부터다.

동백섬 산책로는 시계 반대 방향으로 돌게 되어 있는데 일단 산책하는 무리의 중간에 끼게 되면 서로 일정한 간격을 유지하며 계속 걸어가게 된다. 자연 앞서 가는 사람의 뒷모습을 한 바퀴 돌면 10분, 두 바퀴 돌면 20분 정도 보도록 되어 있다.

함께 산책을 나서는 아내는 빨리 걷지 못하는데 그 때문에 우리를 추월해가는 많은 사람들의 뒷모습을 한동안 보게 된다. 뒷모습 역시 그 사람 생김새의 절반이니 당연히 각 사람들의 개성과 기질이 앞모습과 똑같이 나타난다. 삼국지의 제갈공명도 위연의 뒤통수를 보고는 반골(反骨)의 상이라고 하였다던가.

사람들은 대개 서로 눈이 마주치는 걸 암묵적으로 피한다. 낯선 사람의 앞모습을 오랫동안 쳐다보는 건 사뭇 도발적이라 서로 간에 일종의 금기다.

하지만 뒤통수는 눈이 없으니 오랫동안 쳐다보아도 별로 걸리는 것도 없다. 그래서 나의 뒤통수를 동백섬에 나온 모든 사람들에게 개방하고는 나도 다른 사람들의 뒷모습을 쳐다보는 것이다.

간혹 뒤로 걷는 분들이 있어 얼마 동안 얼굴을 생뚱맞게 마주보게 되는 경우가 있긴 하지만 그것은 잠간 동안만이다.

그렇다고 해서 무슨 훔쳐보기나 엿보기 같은 요상한 취미가 갑자기 생긴 것은 아님을 밝혀두어야겠다. 또 셜록 홈즈가 추리하듯 샅샅이 훑어보는 것이 아니라(그런 재주도 없지만) 유별난 사람들이 심심치 않게 나타나 눈길을 잡아채는 탓에 자연히 쳐다보게 되는 것이니 묘한 취미 가졌다고 야단치지는 말아 주시기 바란다.

동백섬을 나댕기는 사람들에게도 은근 급이 있다.

최상위층은 마라톤을 하듯 무리지어 뛰어다니는 사람들인데, 그들의 규칙적인 발 내딛는 소리, 절제된 들숨과 날숨, 빠르게 추월하며 일으키는 바람, 그리고 몸에 착 달라붙는 형광색 의상은 그들이 동백섬의 토착 원주민임을 알게 해준다.

초원의 사슴들처럼 날렵하게 뛰어가는 그 양반들을 볼 때마다 부러운 느낌이 들기도 한다. 그런데 가끔 그 무리의 뒤를 따라 마치 배기가스인 것처럼 엉성한 자세로 뛰어가는 사람들이 있다. 배가 나온 걸 어찌 해보려는 결심을 막 하고 나서 뛰기 시작한 양반들인데 그야말로 척 보면 안다.
우선 앞서 사뿐사뿐 뛰어가는 동백섬 성골 집단들이 내는 발자국 소리를 압도하는 철퍽대는 발자국 소음을 만든다. 잘못된 자세로 뛰면서 내는 퍽치기 소리인데 저러다 관절염 생기지 하는 걱정을 부른다. 이분들은 980메타 거리의 동백섬을 한 바퀴 도는 것도 버겁다. 걸어가다 보면 옆 벤치에 땀을 훔치면서 앉아 가쁜 숨을 몰아쉬고 있는 것을 보게 된다.

"날 좀 보소!" 타입의 달리기를 하는 양반도 있다.
흰 면장갑을 끼고 권투하듯 주먹을 휘두르며 뛰는데 사람 놀라게 한 번씩 "아~샤~~!" 고함을 지른다. 연세가 꽤 되는 영감님이신데 젊은 사람 못지않음을 보여주고 싶은 열망이 있는 듯하다. 잘 달려가다가 난데없이 방향을 바꾸어 거꾸로 달려오기도 하는 통에 나는 그 영감님 근처에 가급적 얼씬거리지 않는다. 주먹에 얻어맞든지 부딪칠 가능성이 있다.

동백섬을 뛰는 외국인들도 심심치 않게 볼 수 있다.
그런데 복장이 나의 고리타분한 시선에는 좀 거시기하다. 특히 서양 여자들이 유난스러운데 이들의 특징은 다른 사람들의 시선을 전혀 신경 쓰지 않는다는 것이다. 굉장히 스태미나가 좋아 동백섬을 돌고 또 돈다.

글 쓰려니 민망해져 갑자기 손이 오글거리는 경우도 있다.
가끔 젊은 청년이 웃통을 벗어 던지고 한 주먹 됨직한 형광 삼각팬티 하나만 달랑 걸치곤 뛰어다닌다. 동백섬보다는 동백섬 주위 큰길 도로변을 주로 뛰어다닌다. 외국인이 아니라 우리나라 청년인데 서양 여자보다도 노출에 관해선 한 수 위다. 그 탄탄한 육체는 감탄할 만하지만 내 눈에는 설고도 설다. 수시로 뛰는 걸 멈추곤 길가에서 팔굽혀펴기를 열심히 하곤 한다. 젊은 여자들이 지나가면 팔굽혀 펴기를 더 힘차게 하는 것 같다.

한동안 중국인들이 동백섬에 가득했던 적도 있었다.
중국 사람들은 일상적인 담소도 확성기 수준의 볼륨을 가지고 있다. 하루 기초 대사량의 절반은 성대가 소모하는 듯하다. 사드 배치에 대한 불만으로 내려진 중국 정부의 여행금지령 탓인지 요즘은 그다지 많지 않다. 덕분에 동백섬이 다시 조용해졌는데, 그래서인지 동백섬 초입의 키 높은 나무 위에 둥지를 튼 왜가리 떼들의 울음소리가 멀리까지 들린다. 어찌 되었건 중국은 소심함조차도 스케일 있게 대륙적이다 싶다.

중동계인지 검은 색 히잡을 머리에 두르고 산책하는 여자들도 있었다. 이들은 산책길을 나설 때도 짙은 화장을 하는 것 같으며 대체로 말이 없고 천천히 걸어 다닌다.

뛰지 않는 사람들은 산책하듯 걷는 나머지 대부분의 사람들이다.
저마다 걷는 속도는 다 다르고 차림도 다르다. 하지만 우리 부부보다는 다들 빨리 걷는다. 걷는 사람들의 절반쯤이 둘씩 나온 아줌마들인데 걸으면서 이야길 하는 건지 이야기하면서 걷는 것인지 구분이 안 된다.
전화통을 붙잡고 두 시간 이야기한 후 “자세한 건 만나서 이야기하자.”고 한다는 전설 속의 아줌마들이 동백섬을 만날 장소로 선호하는 듯하다. 남자들은 대체로 노소 불문하고 말이 없이 걷기만 한다. 둘이든 셋이든 앞만 보고 걷는다.

많은 노인 분들이 산책로를 따라 설치한 쉼터와 벤치에 앉아 있다.
할머니들은 할머니끼리, 영감님들은 영감님들끼리 모여 앉아 있다. 그분들은 동백섬을 걸어 다니지 않는다. 보통 한 자리에서 국민체조 비슷한 동작을 하고 있다. 나는 속으로 그분들의 나이가 얼마쯤 되는지 가늠해보곤 한다. 대개 팔순에 가까운 듯 보인다. 그보다 더 연세 드신 분들은 잘 보이지 않는다. 동백섬으로 나올 기력이 안 되어서 그냥 집에 계신 것일까? 그렇다면 나의 동백섬 산책도 앞으로 길어야 20년이 가능한 기간일 것이다. 그 나이가 되도록 내가 살아 있다면.

동백섬 산책로에도 조선 천지가 그렇듯이 별별 사람들이 다 있다.
우선 거꾸로 도는 사람들이다. 산책로 입구에도 우레탄 바닥에도 화살표로 도는 방향이 산책로를 따라 계속 표시되어 있는데도 대다수 사람들의 흐름을 거스르며 역방향으로 걷는 사람들이 있다. 그다지 눈에 거슬리는 건 아니지만 가끔 묘한 상황이 생기곤 한다.
마주 오는 어떤 양반을 보고 피하려고 오른쪽으로 방향을 바꾸었는데 그 양반 역시 왼쪽으로 똑 같이 방향을 바꾸는 경우다. 결과로 우리는 또 다시 충돌의 위기에 빠지게 되는데 '아차' 싶어 방향을 바꾸면 이런! 그 양반도 또 방향을 바꾸고 그러다 그야말로 부딪치기 일보 직전까지 가는 경우가 있다.
더욱 곤혹스런 경우는 마주 부딪쳐 오는 사람이 여자인 경우다. 이집트 미이라 투탄카멘 자세로 걷을 수도 없는데 자칫하면 치한 취급을 당할까 걱정스럽다. 여자 분들은 아무쪼록 그냥 다들 도는 방향으로 걸어 주었으면 좋겠다.

이른 아침 동백섬 초입에서 "야호~~"를 계속 외쳐대는 분이 있다. 자주 산책 나오는 분은 아니다. 뭔가 어색해서 스마트폰 "네박사(네이버)"를 열고는 찾아보았더니 "야호"는 산꼭대기에서 건너편 산을 향해 큰소리를 지르는 행위로, 인간이 대자연 속에서 외로움을 떨치기 위해 메아리를 통해 자신의 목소리를 확인하려는 행위라고 기술되어 있다.
아! 그 양반은 해발 10미터 번잡한 산책로에서도 마치 산꼭대기에 홀로 서 있는 사람처럼 외로움을 느끼는 분이었다. 메아리가 울려올 리가 없는 고층 아파트 옆에서 기네스북에 오를 최저 고도 "야호"를 내지르는 그 양반은, 이토록 메마른 도시에서 외로움을 해소해 줄 단비를 기다리고 있는 것이었다. 아무쪼록 그의 영혼이 이른 새벽 "야호"를 통해 오랜 가뭄을 벗어나기를 바란다.

개를 데리고 산책 나오는 분들이 부쩍 많아졌다.
산책로 입구 안내판에 적혀 있는 대로 목줄을 채워 나온다. 동백섬의 개들은 다들 족보가 있는 종들인지 이쁜 것들이 많다. 주인들이 정성들여 보살피는 덕분에 털이 윤기가 나고 건강해 보인다. 매우 고무적인 것은 애완견의 배설물을 깨끗이 치우는 분들이 점점 많이 보인다는 것이다. 적어도 동백섬에서는 개똥을 밟을 위험성은 적어 보인다. 나도 개를 좋아해서 한 마리 키워보고 싶은 마음이 있기도 한데 녀석들의 똥오줌을 치울 자신이 없어 포기한 채로 지내고 있다.

세상에 재미나는 구경거리가 불구경이라지만 자주 일어나는 일도 아니고 다른 사람들이 불행을 겪는 고약한 일이라 별로다.
사람구경은 매우 다양할 뿐만 아니라 거의 언제든 집을 나서기만 하면 가능하다. 게다가 산책까지 덤으로 하게 되니 그야말로 금상첨화다.

혹 아침 일찍 동백섬에 오시면 거북이걸음으로 걷고 있는 D라인 치과 원장의 뒤통수를 볼 수 있을 것이다. 뒤통수 왼쪽 아래에 쉰 머리가 동전 크기로 하얗고 동그랗게 모여 있는걸 보셨다면 그게 바로 다른 사람들 쳐다보느라 정신없는 어벙한 원장이다.

오늘도 걷는다

아침 출근길을 걸어 다니기 시작한 지 그럭저럭 2년이 되었다.

하루도 빠지지 않고 했다고는 할 수 없지만 그래도 꾸준히 한 편인데, 그동안 한 500여 번 정도 걸어 다녔지 싶다. 아침 7시 10분에 해운대 마린시티의 집을 출발하여 민락수변공원, 광안리해변, 남천동 삼익아파트 앞 바닷가 산책로를 거쳐 일터에 이르면 8시 40분 근처가 된다.

같은 길을 여러 번 반복하여 걸어 다녔던 탓에 이제는 내가 다니는 길 주변의 모든 풍경이 내 머릿속에 분(分) 단위로 선명하게 녹화되어 있다. 그래서인지 출근길을 따라 나타나는 새로운 것들은 그것이 작고 미미할지라도 놓치지 않고 느끼게 되었다.

계속 걸어 다님으로써 나는 내가 택한 출근길의 몇 안 되는 상수(常數) 중의 하나가 되었고, 날마다 조금씩 달라지곤 하는 출근길 주변의 풍경들은 변수(變數)가 되어 스쳐가 버렸다.

자전거를 타고 마주 달려오던, 파키스탄계로 여겨지는 사람은 한 6개월 만났는데 더 이상 보이지 않는다. 직장을 다른 곳으로 옮겼을까? 아님 자기

나라로 돌아갔을까? 헉헉거리며 아침 조깅을 부지런히 하던 백인 여자 둘도 올해 들어 보이질 않으니 어디론가 떠났음이 틀림없다. 얼마 전부턴 양복차림의 가방 든 중년남자가 수변공원 강변 데크 반대편에서 마주 보며 걸어오고 있다. 그는 뚜벅뚜벅 걷는 스타일이다. 우리는 서로 힐끔 쳐다보곤 곧 시선을 거두며 지나치는데 보통 7시 47분 언저리다. 수변공원 근처에 이르면 아침 산책을 나온 사람들을 여럿 만나게 되지만 대부분 낯선 얼굴들이다. 아침 7시경의 출근길을 공유하는 많은 사람들이 단역배우처럼 한두 번 나타났다 사라져 버린다. 나는 그들을 일일이 다 기억할 수 없고, 그들도 나를 기억할 수 없을 것이다.

계속 걸어 다님으로써 상수(常數)가 되고 나니 달이 차고 기우는 때를 따라 바닷물이 들고 나게 된다는 것을 저절로 깨우치게 되었다.

동지에서 하지가 되기까지 아침 해가 동남에서 동북 방향으로 알아차리기 어렵게 매일 조금씩 이동하며 수평선 저 너머로 떠오른다는 것도 알게 되었다.

내가 변치 않으니 언제 갈매기들이 캄차카로 떼 지어 날아가 버려 광안리 해변이 더 쓸쓸해지는지 느끼게 되었다.

계속 걷다 보니 길가에 심어진 은행나무 중 어느 것이 암놈이고 수놈인지도 구별할 수 있게 되었다.

수변공원 테트라포드 위에 당차게 날아와 앉아 먹이를 노려보는 왜가리가 이년 전 조그맣고 애처롭게 보이던 바로 그 새끼 왜가리인 것도 알게 되었다.

어느 나무에 박새들이 즐겨 날아드는지 어느 키 낮은 관목 숲에 참새들이 패거리로 날아다니며 시끄럽게 구는지도 알게 되었다.

이름 모를 새들이 세상천지에 가득한 것을 보고 날개를 퍼덕이며 날아다니는 것은 다 참새라고 통일해 불렀던 나의 무지함을 반성하게도 되었다.

내가 걸어 다니며 저절로 배우고 깨닫게 된 많은 소중한 것들을 생각하면 젊은 날 책상을 붙들고 앉아 공부했던 종이 위의 것들은 정말 미약하기 짝이 없었다.

대학은 청년들을 모아 강의실에 가두어 놓고 가르치려고 하지 말고 졸업할 때까지 학교 주변을 계속 무작정 걷게만 하여도 마땅히 가르쳐야 할 것은 다 가르칠 수 있을 것이다.

혹이라도 내가 대학을 설립한다면 대학의 정문에서 강의실까지 최소한 7km는 멀리 떼어두고 지을 것이다. 교내에는 절대로 셔틀버스를 두지 않을 것이다. 학생들은 산을 넘어 오솔길로, 또 해변을 따라 모랫길로 최소한 4년을 오고 가야 할 것이다.

충실히 걸어 다닌 학생들은 빛나는 졸업장을 받게 될 것이고 삼성, 현대, LG와 같은 인재에 굶주린 기업들은 4년간 오로지 걷기만 했던 '나는 걷는다!' 대학 졸업생을 받아들이는 데 주저하지 않을 것이다.

별 쓸모가 없는 먼지 같은 지식으로 머릿속을 이미 꽉 채워 버린 일류대학교 졸업생보단 스스로 깨달음을 통하여 가장 필요한 것으로 먼저 마음이 채워진 넉넉한 학생들을 간절히 원할 것이기 때문이다.

얼마 전 제주 올레길을 다녀간 프랑스인 베르나르 올리비에는 은퇴 후 이스탄불에서 중국 시안(西安)까지의 실크로드를 앞만 보고 혼자 12,000km를 걸었다. 걷는 여행의 구루(Guru)로 유명한 그가 택한 길은 날마다 새로운 길이었고 낯선 길이었다.

"나는 아주 소심한 사람입니다."

그렇게 고백하였던 그는 통 크게도 대륙을 가로지르는 긴 여정을 택하였고 실행하였고 계속 걸어 목적지에 도착했다. 그는 지금 이 순간에도 계속 길을 걷고 있다.

베르나르 올리비에가 택한 길은 멀고도 아득하지만, 내가 날마다 다니는 길은 짧으며 한눈에 들어온다. 7km 남짓 되는 길을 반복하여 걸어 다녔고, 여태껏 걷고 있으며, 밥벌이를 계속하는 한 내일 또 다시 걸어갈 것이다. 내가 택한 출근길은 더 깊어지고 더 뚜렷이 내 기억 속에 새겨지고 있다.

나는 오늘도 걷고 있다.

속 가난

중학교 2학년 첫 학기를 시작한 어느 날 밤이었다.

인기척 때문이었는지 잠에서 깨어났을 때, 아주 늦은 밤이었는데 어머니는 흐느껴 울고 계셨고 아버지는 침통한 어조로 어머니를 달래고 계셨다. 건넌방에서 두 분은 낮은 목소리로 무엇인가를 오랫동안 이야기하셨고, 잠이 덜 깬 탓으로 나는 잘 알아듣지를 못했지만 무엇인가 아주 심각한 일이 우리 집에 일어났다는 것을 느낄 수 있었다.

그리곤 다시 잠에 빠져 들었는데, 아침에 일어나 보니 두 분 다 집에 계시지 않았다. 그 이후 거의 1년이 지난 후에야 나는 두 분 부모님을 부산이 아닌 강릉에서 다시 뵐 수 있었다.

부모님이 떠나가신 우리 집을 제일 먼저 찾아온 것은 빚쟁이들과 가난이었다. 우리 형제는 살던 집을 떠나 고모할머니가 계시던 단칸방으로 옮겨갔다. 고모할머니는 초등학교 앞 작은 점포에서 만화 책방을 하고 계셨다. 세 평 남짓한 가게였는데 아이들이 좋아하는 어묵, 단팥죽, 찐빵, 호떡, 잡다한 과자들을 한구석에 두고는 만화를 보러온 아이들에게 팔았다.

아! 지금 돌이켜 보면 나는 그때 너무나 행복했다. 가게 문을 닫은 후 벽면을 가득 채운 만화를 한 아름 들고 와서 밤늦게까지 킥킥거리며 읽었다. 아직 채 보지 못한 만화책들이 책장을 가득 메우고 있는 걸 볼 때마다 마음이 흐뭇했다.

게다가 팔다 남은 단팥죽, 찐빵은 상하기 전에 우리가 다 먹어치워야 했다. 찐빵을 입에 물고 다리를 흔들면서 만화를 보는 즐거움이라니…가난은 왔으되 가난의 호된 맛을 그때까지는 보지 못하였던 것이다.

가난은 엉뚱하게도 학교에서부터 그 쓴맛을 보여주기 시작했다.

등록금이 밀리기 시작하고 독촉장이 날아오고 담임 선생님께 불려가 긴 소리를 들어야만 했다. 내 손에 건네진 독촉장은 더 이상 갈 곳이 없었다. 담임 선생님은 짜증을 내시며 나를 몰아붙였지만 내가 할 수 있는 것은 고개 숙이는 것과 마음 졸이는 것 말고 아무 것도 없었다.

내 학비들이 어떻게 해결되었는지는 지금 기억할 수가 없다. 내 기억 속에 남아 있는 것은 졸업할 때까지 거의 매달 등록금 문제로 선생님께 불려 갔고, 횟수가 거듭될수록 내 고개는 점점 더 구부려졌다는 것이다.

우리 집이 어렵게 된 지 1년쯤 된 어느 날, 어머니 혼자 부산으로 돌아오셨다. 우리 가족은 골목길 안쪽에 단칸방 하나를 얻어 다시 모여 살게 되었다. 이상하게도 아버지가 안 계신 집이 더 편안했다.

신사임당이 별명이었던 어머니는 팔을 걷어붙이곤 옷 수선 일을 시작하셨다. 나는 "옷 수선해 드립니다."라고 쓴 안내장을 도화지에 정성들여 그렸고 동네 골목골목 돌아다니며 담벼락과 전신주에 붙였다.

신통하게도 일감이 몰려왔고 솜씨 좋은 어머니는 밤을 새워 재봉틀을 돌리며 일하셨다. 나는 그런 어머니를 쳐다보기만 해도 좋았다. 그 곁에 앉아 여러 가지 색깔의 실을 정리해서 바느질 당세기(반짇고리)에 담아드리고 재봉틀 바늘에 실도 꿰어 드리곤 하였다. 잡초보다도 더 생활력이 강인하셨던 어머니 덕에 적어도 우리 가족 끼니 걱정은 해결되었던 것이다.

"가난하다는 것이 부끄러운 일은 아니다."라는 것이 나의 생각이다.

하지만 마음을 위축시키는 일인 것만은 틀림없었다. 아무 생각 없이 친구들을 데리고 집에 놀러 왔는데 몇몇 아이들은 누추한 우리 집 형편을 보고 대놓고 경멸하였고, 나는 그런 아이들을 내 마음속 친구 명단에서 하나둘 지워 나갔다.

가난의 상처는 결핍으로 인해서만 생기는 것이 아니었다. 등을 돌리는 친척들과 차갑고 무정한 세상은 마음 골이 파이는 깊은 흔적을 우리 가족들에게 남겼다. 어려운 시기에 우리의 처지를 위로해주고 힘닿는 대로 도와주신 몇 안 되는 고마운 분들에게 감사드린다.

한겨울에 구멍 난 여름 양말을 신고 있던 나를 보곤 얼른 겨울 양말로 바꿔 신겨 주신 고모님은 물론 잘 기억하고 있다. 우리의 가난은 마치 리트머스 시험지인 듯 친척, 친구들의 원래 색깔들을 보게 하여 주었고 그나마 그것이 가난의 한 가지 효용이었다.

나는 지금 적어도 물질적으로 가난한 사람은 아니다.

윗세대의 가난을 우리 형제들은 제각기 자신의 힘으로 극복하였다. 큰 부자라고는 할 수 없지만 유년시절 겪었던 그런 가난과는 거리가 먼 삶을 누리고 있다.

하지만 곰곰이 생각해보면 그 흔적이 완전히 지워지지는 않았다는 걸 느낀다. 나는 한때 편두통이나 아토피 이런 질병을 한 번 아파 봤으면 하는 생각이 있었다. 그런 병들은 이 매몰찬 세상에서 살아남기가 어려워 바동대는 사람들에게는 절대로 생기지 않는 병일 거라고 생각했기 때문이다. 지나치게 풍족한 생활환경이 가져다주는 일종의 귀족병으로 인식하고 있었다.

그런데 어느 날 나에게도 약간의 편두통이 왔고, 나는 "흠~~ 이게 바로 그 편두통이라는 것인 모양인데 꽤 고생스럽군!" 하며 은근히 기뻐하였다. 안타깝게도 그 이후로 다시 찾아오지는 않았지만 그래도 그 다음부터 제법 한다는 사람들 모임에서 나도 편두통에 대하여 한 마디 거들 수 있게는 되었다.

가난에 찌들어 살았던 탓인지 호화롭고 사치스러운 것들은 나를 어찌할 바를 모르게 하였다. 중학교 때 귀공자풍의 친한 친구와 그의 어머니를 따라가 본 60년대의 해운대 극동호텔은 내 발을 얼어붙게 만들었다. 이런 휘황찬란한 곳에서 잠도 자고 밥도 먹는 사람들이 있다니 놀라운 신세계였다.

같이 해수욕을 하였는데 나의 귀공자 친구는 무슨 기름을 꺼내어 온몸에 바르고 있었다. 올리브유였다. 그것을 골고루 바른 그 친구의 몸은 그리스 조각상처럼 태양 아래 빛나고 있었고 나는 제대로 주눅이 들어 버렸다. 지금도 무슨 최고급 육성급 호텔이란 곳에 들어가면 뭔가 찜찜한 감이 있는데 아마도 그때 들었던 주눅이 덜 빠진 탓일는지도 모르겠다.

주눅 드는 것을 가난만큼 싫어하게 되었고, 그래서 나는 무슨 일을 할 때 일단 최고급의 선택을 적어도 한 번은 경험해 보기를 원한다. 그것이 사치이고 낭비일지라도 일단 겪어 보고 싶은 마음이 드는데, 지혜로우신 나의 장모님은 그것을 "속 가난이 들었다."고 하신다.

말씀 그대로 어찌어찌 해서 가난을 벗어나더라도 쉬이 빠지지 않는 가난의 찌꺼기들이 있는데, 그게 마음 깊숙이 파고들면 바로 '속 가난'인 것이다.

내 스스로 생각해봐도 나의 '속 가난'은 참으로 딱한 노릇이다.

어벙한 것이 복이다

"유식아…니는 대학 안 가면 어떻겠노? 너거 형, 누나, 학비 대는 것도 엄마가 너무 어렵다. …섭섭하겠지만 집안 형편은 니도 잘 알 끼고…."

고등학교 삼학년 어느 날, 늦은 수업을 마치고 집으로 돌아온 나에게 어머니가 조용히 말씀 하셨다. 당신이 밤을 새며 하신 바느질로 근근이 생활하고 있던 우리 집 형편이었으니 세 형제의 대학 등록금을 감당키 어렵다고 느끼신 것이었다.

그때 누나는 제일 먼저 대학에 들어갔는데, 장학금을 따지 못하면 학교를 그만둘 수밖에 없는 형편이었기에 외줄 타듯 공부에 매달렸다. 우리 형제 중 제일 머리가 좋았던 누나는 전 학년 수석을 해야만 했고, 했으며, 졸업 때 총장상을 받았다.

그리고 우리 형제 중 두 번째로 머리가 좋았던 형은 국립대학교 의과대학을 다니고 있었는데 그 학비도 맞추기 버거워하셨던 것이다. 그런데 막내이자 세 번째로 머리가 좋았던 나는 키만 멀쩡히 크고 어리벙한 데다 공부는 그럭저럭이었으니, 고등학교를 마친 후 대학 진학 대신 그냥 일자리를 얻어서 집안을 조금이라도 돕기를 바라셨던 것이다.

그날, 18년간 어깨 위에 올려져 무심코 바람에 흔들거리고 있던 내 머리통 속에 생애 최초로 '먹고 사는' 문제가 홀연히 들어왔다.

심각해진 나는 학교를 오가는 도중에 지나가곤 했던 영주동 재래시장을 제대로 현장답사해 보기로 하였다. 도대체 사람들이 무엇을 해서 먹고 사는지? 그걸 알고 싶어서였다.

하굣길에 좁은 시장통을 거슬러 올라가보니 어묵집, 꽈배기를 튀겨 내는 상점, 옷가게, 잡화상, 채소가게, 통닭집들이 있었고, 구석구석마다 좌판을 펼치고 국수를 끓이는 할머니, 고래 고기를 썰어 기름 번들거리는 도마에 담아내는 아줌마, 녹두죽과 단팥죽을 끓이느라 국자를 휘휘 젓고 있는 아저씨들이 가득 가득하였다. 그야말로 빈틈이 없었다.

시장통 좁은 통로를 몇 번 오르락내리락하였지만 내가 들어설 만한 자리는 아예 없었고, 시장판에서 내가 할 수 있는 유일한 일은 파는 것이 아니라 사는 것이었다. 그래서 시장 골목 구석 골판지 박스 안에서 짹짹거리고 있던 병아리를 한동안 몸을 구부리고 쳐다보다 일곱 마리를 사서 봉지에 담아 집으로 왔다.

돌아오는 길에 채소 가게 아줌마에게 내다 버리는 배춧잎, 무청을 줄 수 있느냐고 물었더니 측은한 눈빛을 얼굴 가득 띄우며 비닐봉지 안에 듬뿍 담아 주었다. 집으로 오자마자 사과 상자를 구해다가 그 안쪽에 신문지를 깐 후 집 근처에서 주워온, 다 타고 남은 연탄재를 부수어 그 위에 흩어 놓았다. 병아리 일곱 마리를 상자 안에 풀어 놓았더니 이 녀석들이 시끄럽게 울어대며 난리를 쳤다.

그날 이후 아침마다 정성을 다하여 배춧잎을 썰어 먹이고 산보시키고 잠자리를 청소해주고 쓰다듬어 주었다. 놈들의 어미인 양 내가 나타나면 우르르 달려왔다. 그 중 한 마리가 죽긴 하였지만 나머지 병아리들은 하루가 다르게 무럭무럭 자랐다.

지금 돌이켜볼 때 신통한 것은 병아리를 열심히 키우기 시작하면서, 어머니께서 작정하고 비장하게 꺼내셨던 그 말씀을 내가 까마득히 잊어버렸다는 것이다. 무슨 오기로 대학 진학을 포기할 수 없다고 버틴 것이 아니라 그야말로 내 머릿속에서 대학 진학을 포기한다는 생각 자체가 없어져 버렸다.

아무 생각 없이 그냥 하던 그대로 계속 공부를 하였고, 그런 나를 어머니도 없었던 일로 여기신 듯 말없이 지켜보기만 하셨다. 나름 열심히 공부한 탓에 대학 입시가 가까워졌을 때는 꽤 성적이 올라갔고 그 새 병아리들도 껑충 자라 온 집안을 퍼드덕거리며 날아다녔다. 입시를 몇 주 앞두고 나는 한 마리씩 잡아 백숙으로 보신을 했고 여섯 마리를 모두 잡아먹고 원기를 보충한 후 서울대학교 입학시험장으로 씩씩하게 향했다. 그리곤 합격했다.

고등학교 2학년 때 중학교 삼학년이 된 어머니 친구 분의 딸 수학 가정교사를 한 적이 있었다. 어느 날 문제풀이를 시켰는데 그녀는 책 뒤편에 붙은 해답을 나 몰래 슬쩍 열어 보고는 자기가 문제를 푼 듯이 슬금슬금 적어 넣기 시작했다. 말로 타일러도 듣지 않고 그런 걸 그냥 보고 넘어 갈 수도 없어서, 해답편만 우두둑 뜯어낸 후 책을 주며 다시 풀라고 했다.

그녀는 나를 길게 흘겨보더니 “꺼벙해 가지고는….” 했다. 몇 달 동안 얼마간 용돈을 벌었던 그 과외는 그날 이후 끝났고, 해답 편을 우두둑 뜯어낸 것이 왜 꺼벙한 일인지 한동안 생각해 보다 도무지 답이 나오지 않아 그만 잊기로 하였다. 지금 생각해 보니 그 말이 맞다.

나는 그야말로 줄기차게 꺼벙했는데, 다행히도 그것이 나의 복이었다.

축복으로서의 평범함

나는 별난 사람이 아니다. 누가 보든 지극히 평균적으로 평범한 사람이다. 사실은 여러 면에서 '지극히' 평균적인 것을 다행으로 생각하고 있기도 하다.

상위든 하위든 1% 안쪽에 들기는 쉽지 않은 일이고, 뭇 인생의 98%가 평균분포 곡선상의 평균치로 뭉뚱그려 대변되는 것이니, 그 대다수에 편입되었다는 사실 자체가 유별난 일은 아닌 것이다. 또 유별난 사람들보다는 평균적인 사람들이 더 행복하다는 것을 플라톤이 이야기 한 바도 있다.

조금 부족해 보이는 재산, 그다지 알아줄 것 없는 지위, 어중간한 체력, 좀처럼 기억되지 않는 용모와 말솜씨 등은 플라톤이 그의 〈교육론〉에서 행복의 조건으로 열거했던 것이다. 작금의 무한 경쟁시대에 말도 안 되는 소리라고 생각하시는 분은 나에게 항의하지 말고 플라톤을 찾아가 물어보시기 바란다.

나의 평범한 삶에 대한 증좌(證左)라고까지는 할 수 없지만, 평생토록 무슨 경품이나 추첨에 당첨되어 본 일이 없다. 벼락 맞을 확률인가 싶은데 수시로 당첨되어 명품백, 세탁기나 골프채를 받고는 손가락 브이(V) 자를 만들며 환호하는 친구를 볼 때, 오죽 팔자가 별나면 경품당첨이 저리도 자주 되는가 싶기도 했고, 솔직히 고백하자면 '저러다 진짜로 벼락 맞지.' 하는 악심(惡心)이 든 적도 있었다.

불과 50여 명 참가한 세미나에서 거의 30여 명이 받아가는 행운권 추첨 행사에서도 빈손으로 박수나 쳐주고 왔던 적이 있었으니, 아무쪼록 나의 용심(用心)이 자연발생적인 것임을 이해해주기 바란다.

내가 앉은 자리 주위의 거의 모든 분들이 "와, 당첨되었다!" 환호하며 일어났지만 나는 내내 그냥 앉아 있었다. 마치 하늘을 꽉 채운 수송기로부터 구호품이 무더기로 투하되는데 어벙한 원장이 앉은 자리만 약 올리듯 피하여 지나가는 느낌이었다.

살아가며 이런 일들이 지속적으로 오랫동안 어김없이 반복되었기 때문에 나는 인생사에 요행을 바라고 기대하는 생각 일체를 아예 접어 버렸다. 복권도 사본 적이 없고 경품행사에 응모해 본 적도 없다. 학술행사 말미의 경품권 추첨이 시작되면 시간 낭비할 필요 없이 바로 일어나 집으로 와 버리곤 했다. 당첨되지 않을 것이 뻔했기 때문이다.

내 손으로 일구지 않은 것은 사소한 것일지라도 내 것이 되지 않는다는 생각으로 살아왔다. 그래서 내가 성취한 것은 작고 미미한 것일지라도 나의 체취와 땀이 잔뜩 배어 있는데, 나 스스로 은근히 그런 것을 자랑스러워하게도 되었다.

그런데 얼마 전 아파트 지하 주차장에서 현금 오만 원을 주웠다.

차를 세우고 집으로 올라가는 길에 꼬깃꼬깃 접혀진 주황색 종이 같은 것이 보여 가까이 가봤더니 존경하는 신사임당이 그려진 오만 원 권이었다. 그 돈을 주워들었을 때 가슴 깊은 곳으로부터 벅찬 희열감이 솟구쳐 올라왔다.

돈을 주운 것만 해도 기쁜데(정말 기뻤다!) 주운 돈이 우리나라 화폐 중 가장 고액권이라니! 이게 경품 당첨되었던 그 친구들이 느낀 바로 그 환희의 순간인가 싶었다. 혹시 돈을 잃어버린 사람이 다시 찾으러 나오는가 싶어 한동안 기다렸는데 다행히도(?) 나타나지 않았다. 사실 약간의 안도감이 들었는데 일생에 단 한 번 처음으로 찾아온 공짜 수입의 순간이 사라질까 은근히 걱정이 되었던 것이다.

같이 있던 집사람이 주운 돈을 보자마자 바로 압수해 가 버려 '내 인생에 공짜로 생긴 것은 나의 것이 절대로 될 수 없다.'는 사실이 다시 입증이 되었지만 그 기쁨의 순간은 아직도 생생하다. 나는 다른 사람들에게만 다가가던 행운의 순간이 나에게도 오기를 부러움 가운데 속으로 열망하고 있었던 것이다.

그 이후 주차장만 지나가면 혹시 또 다른 '선한 사마리아인' 같은 분이 현금을 흘리고 가셨는지 해서 두리번거리게 되었다. 내 자부심의 공든 탑이 얼마간 무너져 내릴지라도 개의치 않고 또 다시 행운의 순간이 오기를 기다리고 있는 것이다.

공간(空間)에 관하여

지금 살고 있는 집이 갑자기 너무 넓게 느껴졌다.

방이 4개인데 지난 몇 달 동안 한 번도 들어가서 자 보지 않은 방이 무려 3개다. 그저 안방 하나만 집사람과 줄곧 사용하고 있었는데 이러려고 방 4개 큰 아파트를 샀던가 싶어졌다. 아이들 결혼 후 집에 올 때를 생각해서 큰 아파트 사는 바보가 바보 중 상(上)바보라더니 우리 부부가 딱 그 모양이었다.

해서 좀 더 작은 집으로 옮겨볼까 하는 생각이 들었고, 그러려면 이 방 저 방 채워져 있는 짐들을 미리 정리해야 되겠다 싶어졌다. 생각이 난 김에 곧바로 건넌방부터 들어가 그 안에 있는 물건들을 보았는데, 지난 몇 해 동안 손도 대지 않은 물건들이 수북하였다. 들어가서 자 본 적이 드문 방이니 그 방안에 있던 물건들은 두 말 할 것도 없이 잊혀지고 버려진 상태였던 것이다.

장롱 속의 옷가지, 종이 백과 그 속의 잡다한 물건들, 구석에 차곡차곡 넣어둔 책들, 여기저기서 받은 사은품, 아이들 어릴 적 물건들, 이런 것들을 일단 꺼내 놓고 버릴 것들을 옆으로 따로 모으기 시작했다.

그런데 이상하게도 버릴 만한 물건들이 그다지 많이 보이지 않았다. 몇 년 동안 없는 듯이 잊고 살았던 것이니 이참에 몽땅 버리겠다고 덤벼들었는데 그게 아니었다. 물건마다 용처가 있고 사연이 있고 추억이 있었다. 막상 정리를 시작해보니 버린다는 것이 얼마나 지난한 과정인지 알게 되었다.

그나마 내가 버리겠다고 골라 놓은 물건들조차도 집사람이 다시 들추어 보곤 도로 장롱 속으로 밀어 넣어 버렸다. 초등학교 때 쓰던 플라스틱 필통을 여태껏 버리지 않고 들고 있는 집사람이다. 종이봉투 한 장도 허투루 버리지 않는 장모님의 맏딸이 우리 집사람이다.

그게 무엇이 되었건, 남편도 예외가 아닌데, 집안으로 들어오는 건 그냥 들어올 수 있지만, 집 밖으로 나가는 건 집사람의 허락이 필요하다. 그날 집사람의 반출 허가를 받은 물건은 몇 되지 않았다. 그래서 똑똑히 알게 되었다. 우리가 작은 집으로 이사하지 못한다면 그동안 살면서 긁어모은 작은 물건들 때문이라는 것을.

우리 부부는 서로 한동안 쳐다보다 "막상 이사를 하게 되면 버릴 수 있을 거야!"라고 합창을 한 후, 도로 물건들을 장롱 속으로 밀어 넣어 버렸다.

사은품으로 받은 자질구레한 것들은 차치하더라도 나머지 대부분은 돈을 주고 구입하였던 것들인데 왜 방구석에 오랫동안 내팽개쳐져 있었을까? 살 때는 필요하다고 생각하여 구입하였던 것들이 시간이 지난 후엔 그 쓸모가 없어진 것인가? 어떤 것들은 도대체 무슨 정신으로 저런 물건들을 생돈 주고 사들고 왔을까 싶은 것도 있었다.

유명한 팝 아티스트 앤디 워홀이 죽고 난 후 그의 물건을 정리해 보았더니 열지도 않은 쇼핑백이 무려 500여 개나 있었다고 한다. 우리 집은 왕초보 아티스트가 살고 있을 뿐인데 왜 이리 되었을까? 건넌방도 정리하지 못하고 나와 버렸으니 나머지 두 방은 들어가 볼 것도 없이 포기하고 말았다.

몇 년 전 지금 살고 있는 집으로 이사하였을 때 예전에 살던 집보다 더 넉넉해진 공간이 가장 맘에 들었었다. 더 여유로워진 공간에 잡다한 물건들로 채우지 않기로 우리 부부는 마음을 맞추었다. 그런데 살다보니 어느새 집안 구석구석 잡다한 물건들로 다 채워져 버렸다. 소제되고 깨끗해진 빈 집에 다시 군더더기 물건들이 들어와 예전 형편보다 더 나쁘게 되고 말았다.

소유는 향유를 위한 것일진대 향유하지 않는 소유는 무슨 의미가 있을까?

있는 줄조차 모르던 장롱 안 잡동사니들은 내가 소유를 목적으로 들여왔으되 내팽개쳐 버렸으니 이것은 소유함을 이루지 못한 것들이다. 소유 자체가 목적인 물건들이 있는지는 나는 모르겠다. 생각해 보면 이 넓은 집도 일부분만 향유하고 있으니 거의 대부분은 나의 소유가 아닌 셈인가? 그렇지는 않다. 나는 더 넓은 빈 공간을 소유하고 싶었고 그 중의 일부는 정말 나 혼자만 소유하고 싶었었다. 비워져 있는 공간을 채우는 것은 오직 나 혼자인 그런 공간을 소유하고 향유하고 싶었던 것이다.

내가 모르는 사이에 야금야금 나의 공간을 잠식하고 채워버린, 소유도 되지 못한 잡다한 것들에 나는 분노하며 내치려 하였지만, 오호라! 오랫동안 그래 왔듯이 물욕의 질긴 끈들은 잘 풀어지지가 않았고 그래서 그것들은 여전히 나의 공간을 공유하고 있다.

어당팔

어릴 때 서부영화를 꽤나 즐겨 보았었다. 특히 클린트 이스트우드가 나오는 무법자 시리즈 영화에 시쳇말로 '삘'이 꽂혀 그냥 혼이 나갈 정도로 빠져들곤 했다.

음흉한 표정을 지으며 웃고 있는 악당의 누런 이빨에 '딱 성냥'을 찍~~ 그어 담뱃불을 붙이곤, 듬뿍 빨아들인 하얀 담배연기를 그 나쁜 놈의 안면에 후~~ 불어 보내는 장면은 지금도 제일 멋있었다고 생각하고 있다.

이 장면에서의 클린트 이스트우드는 목이 좌측으로 15도 정도 기울어져 있었고, 모자 역시 삐딱하게 그 방향으로 쏠려 있었는데, 약간 나사못이 풀어진 듯 헐렁한 그 모습이 보기 좋았던지 내 목도 여태껏 그 비슷한 모양이다.

클린트 이스트우드는 겉으로 보이는 헐렁한 외투 속에, 세상의 악당들이 도저히 대적할 수 없을 정도로 전광석화처럼 빨리 권총을 뽑아낼 수 있는 양손이 있었다. 물컹하게 보이는 겉모습 안쪽의 강력한 파워라니!

그가 주연한 시리즈물 세 편을 모두 다 섭렵한 후 나는 이 분을 존경하게 되고야 말았는데, 존경하는 사람을 닮아 가고자 하는 것은 인간의 타고난 성정이 아니던가? 그래서 나는 속심지는 굳은데도 겉으로는 잘 드러나지 않는 그런 사람이 되고자 나름 노력 혹은 '노오력'하였다. 우아하게 말하자면 외유내강 형이고 또 다른 말로 이야기하자면 '어당팔(어벙한데 당수가 팔 단)' 형인 그런 사람이 되기를 원하였던 것이다.

그리고 유년시절 얼떨결에 택하여 버린 '어당팔'로의 인생행로가 그리 잘못된 것은 아니었다는 것을 나중에 다시 깨닫게 되었다. 슈퍼맨조차도 평상시엔 평범한 회사원으로 일하고 있다가, 무슨 일이 터지면 겉옷을 찢어 큼지막한 대문자 에스(S)를 보이며 하늘로 쏜살같이 날아올랐기 때문이다.

각설하고 나의 생긴 꼴이 태생적으로 어벙하여 외모로는 별 노력도 없이 유하게, 혹 꺼벙하게(사실 그게 그것이다!) 되었는데, 이것이 나의 생의 축복인지 아닌지는 여태껏 아리송하다. 실망스럽게도 사람들은 내 속의, 적어도 8단은 되는, 강력한 쌍권총은 보지 못하고 나의 호구 ('범의 아가리'가 아니라 '어수룩하여 남이 이용하기 쉬운 사람'이란 뜻이다)처럼 생긴 꺼벙한 모습만 보는 듯하였다.

이 모진 세상이 제대로 어벙하게 보이는 인간을 어찌 그냥 내버려두겠는가? 그야말로 수욕정이풍부지(樹欲靜而風不止, 나무는 가만히 있으려 하나 바람이 그냥 두질 않네!)였다. 파란만장(?)의 인생이 시작되었는데, 수시로 집적대고 걸핏하면 건드리고 심심하면 싸움을 걸어왔다.

초등학교에서부터 시작된 서열 다툼은 중학교로 이어졌고, 중2 때 한판 붙은 그 녀석은 지 마음대로 안 되자 시퍼런 도루코 면도날을 손가락 사이에 끼우고 덤벼왔다. 물론 나는 쌍권총을 꺼내 보지도 못하고 꽁지를 말아 달아났다.

오래전 서울 살 때 여의도에서 테니스를 치고 집으로 가던 중 느닷없이 멱살을 잡혔다. 일면식도 없는 사람들이었는데 그때 마침 같이 가던 테니스 코치가 옆에서 도와주지 않았으면 아마도 성치 못했을 것이다. 술주정뱅이들도 그냥 지나가던 나에게 무단히 주먹을 휘둘러 왔고, 그런 자들을 상대로 무슨 격투기를 하겠는가? 또 다시 쌍권총은 뽑아보지도 못한 채 달아나야만 했다.

대학 때는 어떤 친구가 한강에서 빰을 맞고는 엉뚱하게 나에게 시비를 걸어왔다. 기가 막혔지만 일단 결투 신청은 접수를 하였고 방과 후 배구장에서 만나 결판을 보기로 하였는데, 그 친구가 이성을 찾았는지 얼마 후 다시 나에게 와서 자기가 잘못되었다고 사과를 하였다.

그래서 '세기의 대결'은 무산되고 말았는데 그것은 나의 복이었다. 나중에 그 친구와 같이 군대에서 훈련을 받았는데 알고 보니 태권도 유단자였다. 훈련생 대표로 나와 태권도 품세 시범을 절도 있게 보여주는 그를 보며 나는 참 복도 많다고 생각했다.

작년에는 김해공항에서 커피를 마시며 출국을 기다리는데 아침 해장술을 한 잔 걸친 불량배가 시비를 걸어왔다. 한동안 잠잠하더니 또 시작되었다는 생각이 들면서 나는 양 주먹을 꽉 쥐었다. 조금이라도 상대가 주먹질을 하면 일차적으로 낭심을 걷어찬 후 안면에 강펀치를 날릴 작정이었다.

그 친구는 물러나지 않고 버티는 나를 보고는 건들대다 뒤로 후퇴하더니 가버렸다. 그는 내가 '어당팔'임을 알아챘던 것이다. 나 역시 그가 기껏해야 7단밖에 안 된다는 것을 그간의 단련으로 감을 잡고 있었다.

나이가 들어가면서 젊은 시절의 원초적 · 동물적인 시비는 점차 사그라들었다. 하지만 세상은 또 다른 형태의 살바 싸움을 걸어오기 시작했다.

원장이 어벙한 데다 범생이임을 알아챈 몇몇 별난 사람들이 여기저기 찔러대며 간을 보기 시작했다. 이런 분들은 세상 사는 데 입신인 구단의 경지에 이미 들어선 분들이라 어당팔 정도로는 도무지 감당이 안 된다. 나의 혈관 속에 아드레날린이 분출되기도 전에 자기의 잇속을 다 챙기고 떠나가 버리는 신기의 테크닉을 소유하고 계신 분들이다.

멀쩡히 두 눈을 뜨고 있는데도 여러 차례 사기성 봉변을 당했다. 게다가 몇몇은 치사하게도 치료비를 한 푼도 내지 않고 떼어 먹었는데 일일이 다 거론하는 것은 별로 덕이 안 되는 일이라 그만하겠다. 하지만 이런 유의 사람들이 거의 다 세상 구단이었다는 것은 말해야겠다.

시쳇말로 방구깨나 뀌는 분들인데 무슨 사업을 거창하게 하고 있다거나, 돈은 걱정하지 말고 치료나 잘해달라거나, 나중에 한꺼번에 계산하겠으니 원장은 째째하게 굴지 말라는 삼종 세트 멘트를 동시에 하는 분들이다. 간혹 시장님과 수시로 같이 논다는 분들도 있는데 그게 사실이라면 부산 시정이 제대로 돌아가는 것인지 매우 걱정스럽다.

돌이켜볼 때 저열한 동물성 인간들과의 조우(遭遇)가 그 자체로는 매우 불쾌하였지만 한편으로는 '어당팔 원장과 동급의 수많은 분들'에게 새삼 감사하게 되는 계기가 되기도 하였다. 이런 고약한 사람들 덕분에 많은 좋은 분들이 세상에 있음을 마음 깊이 느끼게 되다니 그야말로 삶의 아이러니다.

청컨대 세상 구단들아!

앞으로는 더 이상 나를 괴롭히지 마라, 내가 어당팔임은 모두가 안다.

치과 대학을 졸업한 후

돌이켜볼 때 그간 세상을 살아가며 부닥쳤던 경험들은 대부분 겪어보지 못한 것들이었으며 난감한 것들도 적지 않았다. 학교에서 배우고 공부했던 것으로 해결할 수 있었던 것은 사실 거의 없었다고 할 수 있다.

특별히 대학을 막 졸업하고 세상으로 첫 발을 내딛자마자 겪기 시작했던 일련의 경험들은 아직도 내 기억에서 사라지지 않고 남아 있다.

치과 대학 4학년 때 약시로 징병 신체검사에서 떨어졌다. 그래서 군복무 대신 보건소에 배치되어 3년간 근무하게 되었다. 스무 살 중반의 젊은이였던 나는 배치된 보건소로 첫 출근하여 보건소 소장, 직원들과 인사를 하고 근무를 시작하였다.

그런데 출근 첫날 바로 알게 된 것은 보건소에 치과 진료에 필요한 기구와 약품들이 하나도 없다는 사실이었다. 당연 치과 진료는 아무 것도 할 수가 없었다. 당시 보건사회부 책상물림 담당자는 왕초보 치과 의사만 일단 근무지로 보내 버리고 치과 무의촌이 한 곳 줄었다고 보고하였던 것이다.

나는 단군 이래 그 지역 보건소에 최초로 근무하게 된 치과 의사였다.

답답한 마음에 담당 보건소 직원들과 의논하였는데, 그 중 한 분은 나를 데리고 자기 책상으로 가더니 녹슨 발치용 겸자를 포함한 몇 가지 기구를 보여주며 얼마 전 치과 돌팔이에게서 압수한 것인데 이거면 되겠느냐고 말했다.

고맙긴 했지만 사실 억장이 무너졌다. 보건소 자체 치과 진료실은 애당초 없었고 또 새로이 만들 계획조차도 없었던 것이다. 하 답답해진 나는 보건소장과 연관 공무원들에게 치과 진료실 예산을 배정해 주도록 요청하였다.

지금은 어떤지 모르겠지만 그 당시는 예산 자체를 따오는 것도 어렵지만 따더라도 집행에 이르기까진 넘어야 할 절차들이 수도 없이 많았다. 연초(年初)에 신청한 예산은 우여곡절 끝에 거의 연말이 되어서야 겨우 집행 가능한 상태가 되었는데, 이 과정에서 사회 초년병인 나의 미숙한 대응으로 적지 않은 문제를 일으키게 되었다.

우선 내가 서울대 출신이라는 것을 잊었던 것이다.

사실 그 당시 나는 서울대를 나왔다고 으스대며 지내진 않았다. 내 머릿속에 그런 것 자체가 없었다. 서울 치대 졸업이 뭐 대수라고 폼을 잡는단 말인가? 일상생활에서 무슨 엘리트 의식을 가지고 살지도 않았다.

하지만 그 시절 주눅 들지 않고 할 말 다하면서 지내는 것 자체가 그분들에게는 이질적이고 당돌해 보였는지 모른다. 지금 내가 돌출행동을 하는 젊은 청년들 볼 때 느끼는 그런 기분일 것이다. 게다가 그 당시 공무원들은 대부분 고졸 학력이 보통이었으니 그들이 느낀 상대적 박탈감은 어느 정도 이해할 만하다.

여하튼 하는 일마다 지연되었고 부탁하는 것은 대부분 애매모호한 부정적 답변으로 돌아왔다. 심지어 월급조차도 마지막 창구 직원이 도장을 찍지 않았다는 이유로 3개월씩, 6개월씩 밀려 받았다. 성질나서 담당 직원에게 따지면 매번 "당신은 좋은 부모 만나 그 좋다는 서울대학까지 나왔으니 우리 형편을 어찌 알겠소?" 하였다.

혈기 왕성한 젊은 청년에게 고문을 가하겠다면 일거리를 주지 않는 것이 그 중 제일이다. 하릴없이 보건소를 거의 1년 왔다 갔다 했다. 출근하면 하루 종일 이 짓 저 짓 하며 보냈다. 길어진 시간은 쓰나미처럼 밀려와 젊은 청춘을 덮쳤다. 지겨워서 병이 날 지경이었다.

시간을 죽이기 위해 당구장을 드나들었다. 잠깐 사이에 200을 넘어섰고 300도 눈앞에 보였다. 바둑도 부지런히 두었다. 마침 보건소에 바둑광인 직원 한 분이 있어 그 양반이 시간 나면 언제든지 몇 판이 되더라도 같이 두었다. 자연 바둑 실력도 늘었다. 학창시절 내내 7급 정도에 맴돌더니 보건소 근무 반년 지나자 5급은 되겠다는 소리를 들었다.

'문화의 날'이 있다는 걸 그때 처음 알았다. 그날은 영화 관람료가 반값이었다. '문화의 날'을 개인적으로 기념하기 위해 출근부 도장만 찍고 아침부터 영화관으로 직행했다. 몇 편 떼고 오후 늦게 들어가니 보건소 행정계 직원이 근무태만이라고 태클을 걸어 왔다.

뭐 할 일이 있다고 책상 앞에 앉아 있느냐고 했더니, "누구는 할 일이 있어 자리에 있는 줄 아느냐? 할 일이 있든지 없든지 자리 지키는 게 공무원"이라고 하였다. 그래서 나도 알게 되었다. 나는 그야말로 '公務員'이 아니라 '空務員'이었다.

하릴없이 빈둥거리는데 넌더리가 난 나는 예산 관련 공무원들을 만나 치과 예산을 달라고 조르고 애걸하고 난리쳤다. 그래서 겨우 치과 진료실 예산을 따내긴 했는데 그 다음은 집행이 문제였다.

진료에 필요한 기구, 재료, 장비를 주어진 예산 내에서 최대한 구입하려고 나름 목록을 짜고 또 짜고 하였다. 재료상들을 만나 공급가격을 낮추어 달라고 부탁도 하였다. 나름 제대로 된 진료환경을 만들어보고 싶었던 것이다.

그런데 아무리 제안서를 올려도 예산 집행은 이루어지지 않았으며, 기약도 없이 연기되고 또 연기되었다. 예산 집행권을 쥐고 있는 담당자는 나를 만나면 그저 "행정 절차가 있으니 그에 따라야 합니다."라고 되뇌기만 하였다.

세월은 속절없이 흘렀고 나는 여전히 빈둥거리며 보건소 관내를 배회하고 있었다. 어디 한 군데 있을 곳조차 마땅치 않은 어정쩡한 날들이 계속되었다. 사실 좀 지치기도 하고 짜증도 나서, "에라 모르겠다!" 하며 지내고 있었다.

그런데 연말이 되어 갈 무렵 갑자기 A4 용지 크기의 입찰공고서가 보건소 게시판 구석에 붙었고 내가 모르는 업자가 응찰하여 기구, 장비, 재료가 순식간에 들어왔다. 새 회계연도가 되면 집행하지 않은 예산은 취소가 되기 때문에 급하게 집행을 했던 것이다. 그 기한까지 한사코 붙들고 골탕을 먹이려 한 것이 훤히 보였지만 어쩔 도리가 없었다. 어쨌든 기뻤다. 부족한 대로 환자 진료를 시작할 수 있겠구나 싶어 들어온 재료, 장비들을 정리하고 있는데 소장실에서 연락이 왔다. 할 이야기가 있으니 올라오라는 것이었다.

거의 40년 전 일이니 이제 그 소장실 방문을 열고 들어갔을 때 생긴 일을 적어도 될 듯하다. 보건소장이 내가 열고 들어간 문 맞은편 탁자 쪽에 앉아 있었고, 그 좌우로 간부들이 4~5명 둘러앉아 있었다. 그 방에 들어가자마자 내가 본 것은 탁자 중앙에 쌓아둔 돈 뭉치였다. 소장 옆의 빈자리가 내 자리인 듯하였다.

소장도 나를 그쪽으로 손짓하여 부르며 앉으라고 하였다. 내가 자리에 앉자 내 앞의 최고참 직원 한 사람이 돈을 똑같이 나누기 시작하였다. 내 앞자리에도 돈이 분배되었다. 모두에게 공평하게 나누어진 것을 확인한 후 "오늘 치과 장비 응찰하신 분이 감사의 뜻으로 그간 수고하신 여러분에게 전달하여 달라고 합디다."라고 하였다.

온당치 않은 돈이라는 느낌이 들었지만 나는 내 몫을 얼른 받아 나왔다. 무슨 정의감이 들어 그 자리를 박차고 나오지는 않았다. 오히려 그들의 담합된 음모에 군소리 없이 동조함으로써 1년 내내 지속된 지긋지긋한 집단 왕따를 면해 보고 싶은 마음조차 있었다.

게다가 솔직히 그때 주머니 사정이 너무 좋지 않았다. 창피하게도 근처 식당 아줌마가 밀린 외상값을 갚으라고 보건소까지 찾아와 드세게 재촉하고 있던 때였다. 박한 월급이 그나마 제때 나오지 않았기 때문이다. 그래서 그 돈으로 우선 외상값부터 갚았다. 부모님께 용돈도 드렸다. 그동안 빈대 붙어 얻어먹기만 하였던 친구들에게 밥도 샀다. 구린 돈도 돈이었다.

나중에 입찰로 들어온 장비, 재료들을 정리하면서 알게 된 것은 내가 올렸던 구매의향서 가격보다 더 비싸게, 더 적은 수량으로 들어왔다는 사실이었다. 어느 업자가 손해를 보고 장사를 하겠는가? 잔뜩 부풀린 매입가격으로 낙찰을 받아 그 차액을 구매 관련 공무원들에게 준 것이었다. 나는 세상 물정 모르고 재주만 부린 서울대 출신 곰이었다.

고백하건데 나는 서울대 치대를 근근이 입학한 사람이다.

실력보다는 운이 더 좋았다고 생각하고 있다. 그야말로 마지막으로 뒷문을 닫고 들어간 사람이었다. 서울대를 다니는 동안은 내 주위에 그 공부 잘

한다는 서울대생들이 우글거렸다. 그래서 시원찮은 공부 실력으로 들어온 나는 미리 주눅이 들어 있었으며 내가 서울대에서 제일 둔한 학생일지도 모른다는 걱정도 은근히 하고 있었다.

하지만 놀랍고 기쁘게도, 적어도 내가 보기에는, 나보다 더 멍청한 서울대생들이 광활한 관악캠퍼스 안에 다수 있었다. 큰 위로와 안도감을 주었던 '나보다 더 멍청한 서울대생들'에게 지금도 고맙게 생각한다.

나는 속으로 '역시 일등하기도 어렵지만 꼴등도 하기 여간 어려운 게 아니지!' 하며 다시 고개를 끄떡 들고 다녔다. 이제 나이 들어 생각하니 국영수 잘했다고 서울대 들어가 고시 합격해서 젊은 나이에 판 · 검사 되고 고위 공무원 되고 의사 되고 하는 것이 인생에 큰 도움이 되는 것인지는 의문이다.

우등생들은 지식의 늪에 갇혀, 그리고 "택도 없는" 우월감에 잡혀 대롱시야로 인생을 살아가기 쉬운데 그런 인생은 "위대한 보통 사람들" 눈에는 잔재주만 부리는 곰의 삶으로 보이기 십상이다. 살아보니 잘 나가는 인생보다는 적당히 좌절을 겪는 인생이 더욱 풍요로움과 만족감을 주는 삶이라고 점점 확신하게 된다.

머릿속에 교과서 지식만 잔뜩 들어간 서울대 출신 애송이가 뼈를 묻을 생각으로 보건소 공무원 생활을 하고 있던 사람들 가운데 난데없이 돌연 출현하였으니 그분들도 대략 난감하였을 것이다. 게다가 하는 짓마저 방정맞은지라 좀 된맛을 보여주어야 인간이 될 것 같아 모두들 합심하여 나를 단련시켰지 싶다. 내가 다음해 다른 시 보건소로 이동 근무하게 되었을 때 나를 꽤 괴롭혔던 계장 한 분이 와서 정중하게 작별인사를 하였다.

"이 선생님, 우리하고 같이 있는 동안 어렵게 해서 미안합니다."

나는 그의 사과를 고마운 마음으로 받아들였다. 그들과의 불화가 없었다면 나는 변함없이, 나이 들도록 철부지로 살다 더 큰 곤욕을 치렀을지 모른다.

치과 의사의 길도 멀고 험하다

의 · 치학 계통의 교육은 머릿속에 지식을 주입하는 것만으론 안 된다. 반드시 손이 따라 주어야 하는 것이다. 사람의 신체를 다루는 분야이므로 특별히 더 그러하다. 그런데 피아노 치는 것 한 달 동안 보고 있었다고 피아노를 칠 수 있게 되는가? 그럴 수 있었다면 나도 누구 못지않은 피아니스트가 되었을 것이다.

의학적 숙련 역시 강의와 공부만으로는 절대로 경지에 이를 수가 없다. 의학적 지식이 머리통 속에 머물고만 있으면 피아노 치는 것을 듣고 보기만 하는 것과 다를 바가 없다. 임상가, 즉 환자를 치료하는 의사는 부단한 연습을 통해 임상적 지식이 손으로 표현되도록 평생토록 노력해야 하는 것이다. 이상적인 임상가는 의학적 지식이 깊고 방대할 뿐만 아니라 손길도 신의 수준에 이른 사람이라 할 수 있다.

따라서 임상 실습과 수련의 과정은 의사들에겐 필수적이다.

그런데 문제는 누구나 초보 의사의 과정을 거쳐야 한다는 것이다. 수련의들은 대학병원 상위 교육자의 지시 감독에 따라 환자를 진료하게 되는데,

그에 앞서 환자 앞에서 초보 티를 절대로 내지 않도록 교육을 받게 된다. 환자에게 불안감을 주지 않기 위해서다. 말투도 서로 '이놈 저놈' 하다가 갑자기 누구 선생님으로 바꾸어 점잖게 부르기 시작하고 이게 평생을 간다.

사실 환자들은 누가 초보 의사인지 잘 모를 수가 있다.

특히 요즈음은 일반 대학을 졸업하고 들어온 의전원, 치전원생 때문에 나이로 판단하기가 매우 어려워졌다. 대학병원은 풍채 좋은 왕초보 의사들이 다수 출몰하는 구역이다. 자동차 뒤쪽 창처럼 "초보 의사", "한 시간째 봉합중", "저도 제가 무서워요." 이런 스티커를 이마에 붙이고 다니는 의사들은 물론 없다. 절대로 자신이 초보 의사인 것을 환자가 눈치 채면 안 되는 것이다.

환자를 처음 대하게 되는 초보 의사들은 담당 교수와 선배들의 삼엄한 감시 아래 마치 노련한 의사인 것처럼 할리우드 액션을 해가며 환자를 보게 되는데 이때 상당한 긴장감과 압박을 느끼게 된다. 단지 국영수를 잘해 의과대학에 들어오게 된 학생들에겐 넘기 어려운 관문 중의 하나다. 혹 종합병원에 갔을 때 청진기를 목에 두르고 다니거나 가운 윗주머니에 무슨 진단기구를 잔뜩 넣고 바삐 다니는 의사들을 보게 된다면 꽤 수준 높은 할리우드 액션을 시현중인 왕초보 의사로 보면 거의 틀림없다.

아무튼 의 · 치대 3학년부터 환자와 직접 대면하는 임상 과정을 겪게 되는데, 이때의 스트레스를 극복하지 못한다면 일찌감치 임상가의 길을 접고 기초의학 연구 쪽으로 방향을 돌려야 할 것이다.

치과 임상교육 중 전달 마취를 익히는 과정이 있다.

전달 마취란 아픈 부위를 직접 마취하는 것이 아니라 신경이 지나가는 길

목에 마취제를 주입하여 마취 상태를 얻고자 하는 것이다. 당연히 신경 전달로 부위의 삼차원적 해부학 구조를 완벽히 이해하여야 한다.

가장 흔한 치과 전달 마취는 '하치조 신경 전달 마취'인데, 이것은 아래 어금니를 마취하고자 할 때 자주 시행한다. 기술적으로 어느 정도 까다로운 마취인데 완벽한 마취 상태를 얻고자 하면 어금니 부근이 아니라 후방 턱관절 아래쪽을 주행하는 신경에 근접하도록 주사 바늘을 진입시켜 마취제를 주입하여야 한다.

이토록 까다로운 전달 마취인데 어느 환자가 생전 처음 시도하는 초보 치과 의사에게 몸을 내놓겠는가? 대학병원의 교수님들도 그것을 잘 알고 있으며 그래서 나온 비책이 왕초보 둘씩 짝을 지어 서로 무단히 놓아 보는 것이다.

본과 3학년 때 겪은 전달 마취 실습 시간은 지금 생각해도 웃음이 절로 난다. 운명의 장난으로 서로 첫 실습 대상이 되어버린 우리들은 서부의 총잡이처럼 주사기를 들고 결투하듯 서로 상대방을 노려보고 있었다. 머릿속엔 온갖 생각이 오락가락했다.

먼저 놓을까? 먼저 맞을까? 저 친구가 제대로 하긴 할까? 시험만 치면 재시험에 걸리던 친구인데 어쩌지?

이런 걱정 불안 초조 등의 만감이 교차하고 있었다. 운명의 순간은 다가왔고 어찌 되었든 우리는 서로 전달 마취를 생전 처음 해버렸다.

제대로 마취가 된 친구들도 있었지만 엉뚱하게도 눈이 마취된 친구, 어디다 놔 버렸는지 아무런 마취 효과도 나타나지 않는 친구들도 있었다. 제일 황당한 경우는 잘못된 방향으로 너무 깊이 주사 바늘을 자입하는 바람에 얼굴 뒤쪽 뺨을 뚫고 나와 허공에 주사약이 뻗어 나가 버린 경우였다. 아이러니하게도 첫 전달 마취를 엉망으로 해버린 그 친구가 지금은 전달 마취의

고수 중 고수다.

36년간 치과 의사의 길을 걸어왔다.

그야말로 산전수전 다 겪었다. 얼굴만 봐도 입안의 형편이 어떨지 대충 짐작할 수 있다. 발치 기구로 이를 움켜잡기만 해도 몇 분 만에 빠져 나올지, 잡아 당겨야 할 방향이 어느 쪽인지 느껴진다. 방사선 사진을 들여다보면 입안의 전체 사정이 훤히 보인다.

하지만 이토록 어지간히 경험을 해봤다 싶은데도 가끔씩 예상외의 반응이 나타나고 또 다시 왕초보로 돌아가서 끙끙대는 경우가 있으니 참으로 이 길은 멀고도 멀다.

거듭 이야기하지만 갈수록 쉬워지는 것이 아니라 더 어렵게 느껴진다. 골프 황제 타이거 우즈의 파온 성공률은 73% 정도다. 제대로 된 프로페셔널 치과 의사들은 말하자면 99%의 파온 성공률에 해당하는 치료 성공률에 목이 마른 사람들이라고 할 수 있다.

여전히 갈 길이 멀다.

예술의 경지

목포는 부산 문둥이에겐 매우 낯선 도시다.

대학 예과 시절 여름방학 때 홍도를 다녀 돌아오던 길에 목포역에서 밤을 새웠던 기억이 전부다. 그때 부산행 새벽 완행열차를 목포역 구석 구내 벤치에 앉아 졸면서 기다리고 있었는데, 자정이 가까이 오면서 살벌한 다툼과 싸움이 연이어 일어났다.

심상치 않은 분위기에 바싹 움츠려 있던 내가 불쌍하게 보였던지, 목포역 구내 TMO 군인이 자기 숙소에 잠자리를 마련해 주었다. 게다가 새벽이 되자 개찰구를 통하지 않고 열차를 탈 수 있는 개구멍도 알려주었다.

덕분에 무임승차로 부산까지 오게 된 나는 지금껏 그 군인 양반이 경상도 문둥이에게 베풀어준 호의를 감사하고 있다. 사실 그때 겨우 부산까지 갈 기차비만 호주머니에 달랑 남아 있던 상태였기 때문이다.

부산역에 도착하면 근처 청산학원에서 와신상담 재수 공부중인 고교 동기 친구들을 불러내 한 끼 얻어먹을 염치없는 생각까지 가지고 있었다. 그렇게까지 할 필요가 없어졌던 것은 지금 생각해볼 때 천만다행이다. 그때 그랬다면, 아마도 평생토록 그 친구들 핀잔을 감수하며 살아가야 할 운명이 되었을 것이다.

까마득히 기억에서 사라져 있던 목포를 다시 들르게 된 것은 치과 학회 때문이었다. 대학 몇 년 선배이신 분의 삼고초려(三顧草廬)에 가까운 참가 요청에 저 멀리 목포까지 차를 몰고 가게 되었다.

그런데 학회장에 도착해보니 참석한 거의 모든 치과의사들이 최소한 그분의 삼고초려, 또는 사고초려(四顧草廬), 오고초려(五顧草廬)를 받은 분들이었다. "예스!"할 때까지 전화통을 붙들고 놓지 않았던 그 선배 덕분에 학회장은 초만원이었고 숙소마저도 동나 버렸다.

그 선배의 기본 초려인 삼고에 거절하지 못하고 멀리 부산서 온 우리 부부에게는 숙소가 배당되지 않았고 하는 수 없이 근처에 있는 숙소를 찾아 나서야만 했다.

늦은 밤 학회장을 빠져나와 무작정 목포 시내로 들어갔는데 마땅한 숙소를 찾을 수가 없었다. 시내 이곳저곳을 돌아보았는데 거의 대부분이 무슨 러브호텔 같아 보였다.

주차장 입구가 가림막으로 둘러싸여 그 안으로 들어가면 신원미상의 투숙객이 되어 버리는 구조였는데, 그런 호텔은 나도, 집사람도 질색이다. 게다가 호텔 건물 전체를 둘러싼 네온사인이 정신 사납게 번쩍거리는 통에 기가 질려 차를 돌려 나오곤 하였다. 빨강, 파랑, 녹색의 원색들이 쏟아져 나와 충돌하고 부서진 후 산란되어 그 파편들이 목포의 밤하늘을 오로라처럼 뒤덮고 있었다.

목포 시내를 헤매다 보니 시간은 흘러갔고 자정에 가까워지도록 마땅한 숙소를 구하지 못한 우리 부부는 마음이 급해졌다. 시 외곽 쪽으로 자동차를 돌려 얼마간 갔는데 국도변에 무슨 여관이라고 새겨진 초라한 형광 간판이 보였다. 좀 우중충해 보였지만 요란한 네온사인이 없는 것만 해도 다행이다 싶어 들어갔다.
사실 더 돌아볼 만한 시간도, 힘도 없어, 어찌 되었건 잠자리를 구해야 할 판이었다. 여관 여주인이 창구 쪽문을 열고 떠지지 않는 눈을 비비며 일어났다. 얼른 숙박비를 챙기고 방 열쇠를 주더니 다시 자기 잠자리로 들어가 버렸다.
우리에게 배정된 방은 그런 대로 깨끗하고 쓸 만하였다. 그만해도 다행이다 싶어 간단히 씻고 침대에 누워 방의 불을 껐다. 그리곤 우리 부부는 어두워진 방안에서 평생 처음 보는 광경을 보게 되었다.

불 꺼진 방의 벽면을 따라 형광 그림이 빛나고 있었는데 그것은 춘화였다. 무슨 고구려 고분의 벽화인 양 이런저런 그림들이 천장과 벽면을 따라 난삽하게 형광 물감으로 칠해져 있었는데, 점잖은 독자 분을 고려하여 이 글에서 그 형광 그림을 자세히 묘사하지는 않겠다. 난데없이 나타난 요상한 여관방 그림에 우리 부부는 너무나도 놀라 잠자리에서 일어났고, 서로 얼굴을 쳐다보다 황당해하며 그냥 웃고 말았다.
너무 기가 막히면 헛웃음이 계속 나온다는 것도 그때 알게 되었다.

사실 그 여관방 그림들은 신체 비율이 전혀 맞지 않고 조악하기 그지없었다. 하지만 어두운 방에서 형광색으로 순식간에 나타나서, 마치 키스 해링(Keith Haring, 미국의 그라피티, 낙서 아티스트)의 작품처럼 강렬한 에너지를 발하고 있었다. 인물의 라인만 좀 더 투박하게 그렸다면 그야말로 작품이 될 수도 있을 법한 역동적인(?) 그림이었다. 게다가 그 돌발성이라니! 미술관에서도 그런 식의 작품 전시를 시도하면 어떨지? 관람객이 갤러리에 들어서서 "이 방은 왜 그림이 없지?" 하고 의아해할 때 돌연 방의 불이 꺼지면서 형광 물감으로 그려진 작품들이 홀연 나타나게 된다면 매우 이색적인 전시가 될 법도 하다.
오밤중 신체의 특정부위가 더 강하게 형광색을 나타내는 괴기한 그림을 감상하며 잠을 자기는 매우 어려웠다. 자는 둥 마는 둥 하다 아침 새벽이 되자마자 서둘러 여관을 나와 부산으로 돌아왔다.

이 글에서 목포를 비하하려는 의도는 전혀 없다.
목포만의 유별남은 아닐 것이다. 대한민국 이곳저곳에, 어쩌면 내가 사는 부산에서도, 요상한 형광 그림이 그려진 여관들이 적지 않게 있을 것이다. 다만 그때 여관방에서 보았던 그림이 수년이 지난 지금도 내 기억에 있고 그림에 관심이 있는 나에게는 특별한 경험이었다고 해야겠다.
예술의 궁극적인 목표가 사람의 심안을 뜨게 해서 그 지경을 넓혀주고 우리의 내적 감성을 일깨우는 것이라면 그 방의 형광 그림도 예술이라고 할 수 있지 않을까?
자기만의 창조적 행위를 함으로써 사람들이 전혀 인지하지 못하였던 사물의 다른 면을 인식하도록 하는 것이 예술이라면 그때 내가 본 그 방의 형광 그림도 그 범주에 포함된다고 생각되었다. 또 그 결과물이 조악하고 수준 이하일지라도 전시 기법이 기상천외하고 기발해서 사람들의 감탄을 자아낸다면 그런 것도 예술의 경지로 간주될 수 있을 것이다.
그야말로 "인생도처유상수(人生到處有上手)"이다.

차카게 살자

아내는 다른 사람 눈치 보는 데는 그다지 재주가 없는 편이다.

모든 사람은 날 때부터 착하게 태어났으므로 자기를 해코지할 리가 없다는 성선설(性善說)을 여하튼 믿으며 살아가고 있기 때문이다.

몇 해 전에 은혼식 기념으로 같이 이탈리아 로마에 갔을 때 택시를 잡아탄 적이 있다. 아내와 달리 성악설(性惡說)을 신봉하는 나는 택시를 탄 후 로마군 병졸같이 생긴 운전기사의 뒤통수를 보자마자 그 녀석이 바가지요금을 씌울 거란 걸 직감적으로 알았다.

지난 세월 치과 개업 중에 산전수전 다 겪으며 받은 단련 탓인지 내 머릿속엔 경고등이 일찌감치 울렸고, 아니나 다를까 18유로 정도 요금이 나온다던 호텔까지 가는 데 물경 50유로가 나오도록 빙빙 이 거리 저 거리를 돌아다녔다.

이때도 집사람은 택시 뒷좌석에 별 생각 없이 앉아 있었는데 뭔가 잘못되어 가고 있다는 걸 뒤늦게 알아차리곤 "왜 이리 오랫동안 여기저기 돌아다녀요, 이 택시가?" 하였다.

이미 말했듯이 은혼식은 지나갔고 얼마 전에 결혼 30주년이 되었는데, 그 젊고 우아하고 아름답던 아내도 나이가 들어버렸다(내 가슴이 미어진다!).

아직은 건강에 큰 문제는 없지만 여기저기 조금씩 탈이 나기 시작하면서 정형외과도 가고 안과도 들르고 내과, 산부인과, 피부과도 들락거리기 시작했다.

그런데 병원에 다녀오면, "그 병원은 환자 치료는 뒷전이고 돈만 밝혀요!" 혹은 "일단 치료비 내고 나면 그 담부턴 의사 얼굴 보기도 힘들고 찬밥 대접받아요!" 이러면서 투덜대는 경우가 생겼다.

다른 사람 눈치 보는 건 그야말로 별로인 집사람도 몸이 불편한 영혼으로 대접하는지 아니면 봉 잡으려 하는지는 신통하다 싶을 정도로 알아차리는 것이었다. 생전 처음 보는 병원 스텝들과 만나 잠깐 이야기를 나누어도 경상도 말로 "돈에 퉁때 오른" 병원인지 아닌지 단박에 알아차렸다. 그리고 그렇게 감을 잡은 병원은 다시 가려고 하지 않았다.

병원 의료진의 실력이나 진료 시설보다는 의사가 믿고 몸을 맡길 만한지 어떤지가 병원 선택의 절대 기준이었다. 그런 식의 감을 잡는 데 썩 민감하지 않은 집사람이 이럴진대 집사람보다는 눈칫밥을 더 먹으며 살아감직한 나머지 대한민국 국민들은 병원을 그저 한 번 쓰윽 훑어보는 것만으로 '삘'이 오는 것이 틀림없다.

아내는 이가 아프면 물론 나의 치과에 와서 치료를 받는데 아직까지 나에게는 돈만 생각한다고 야단친 적이 없다. 사랑하는 남편이 정성을 다해 공짜로 치료를 해주어서 그렇기도 하겠지만, 사실 나는 병원을 찾아주신 다른 환자 분들 역시 입안을 들여다보며 '지폐 다발'을 미리 연상한 적은 없다.

부산 남천동에서 촌스럽게 개업하여 그럭저럭 30년 동안 치과 의사 행세를 하고 지금 이날까지 지냈다. 큰돈을 벌진 못했어도 아이 둘 장성하도록 키웠고 늦게나마 남의 건물에 세 들어 사는 처지도 면했으니 다행이라 생각하며 감사하고 있다.

그냥 나의 능력껏 성실과 정직함으로 진료를 계속하다 보면 뭐가 되도 되겠지, 단순무식하게 생각하며 이 나이가 되도록 개원의 노릇을 하였는데 돌이켜보면 참 잘했다 싶다. 요즘 들어 유행하는 그 무슨 최신 병원 경영 기법이란 걸 갖다 붙여 운영하겠다고 덩달아 난리를 치지 않은 것 역시 참 잘했다 싶다.

구차하게 돈~ 돈~ 거리며 어떻게든 환자들 구워삶아 수익을 극대화하려고 잔머리 굴리는 건 도무지 성미에 맞지도 않고 내 스타일도 아니다. 차라리 치료를 시작하지 않든지 손해를 보고 말든지 내 직업에 대한 자긍심이 무너지도록 돈 벌려고 버둥대는 건 나로선 견딜 수 없는 일이다.

줏대가 대단한 열혈강호 타입으로 여겨질 수도 있겠지만 내가 매우 유약한 존재란 건 나도 알고 내 주위 분들도 다 알고 있다. 그저 성실과 정직함으로 환자의 웰빙을 우선하여 진료하는 것이 최고의 병원 경영 기법이란 것을 믿고 있을 뿐이다.

이제 막 개업한 젊은 치과 의사들은 나의 꼰대 같은 소리가 마음에 들지 않을 뿐만 아니라 속 터지게 한다고 이야기할 수도 있겠다. 또 자기는 벌어들일 대로 다 벌어놓고 배부른 소리 한다고 비난할지도 모르겠다. 하지만 영화 〈매트릭스(Matrix)〉에서 모피우스가 말했듯이 세상엔 변하는 것도 있지만 변치 않는 것도 있다.

인간관계의 근본이 성실과 정직함이란 것은 변치 않는 것에 속한다.

물론 성실과 정직함으로 진료하는 것이 언제나 합당한 보상을 받는 것은 아니었다. 몇몇 환자들은 나의 정직함을 여전히 의심하였고 나의 성실함을 꼼수부리는 걸로 오해하여 수모를 주는 분들도 여럿 있었다.

심지어 임플란트를 약정된 개수대로 심지 않고 치료비를 부풀려 청구한다고 야단친 분도 몇 있었다. 엑스레이까지 동원하여 여러 번 설명한 끝에 오해가 풀리긴 하였지만, 그런 식의 단세포적인 항의에 기분이 좋을 리가 있겠는가? 내가 어찌 하였기에 거의 사기꾼 수준의 작태를 저지르는 사람으로 보였던가 싶어 심한 자괴감이 들기도 하였다.

다 잘 알고 계시다시피 원래 사람과 사람이 서로 믿고 지내기까지는 시간이 적잖이 걸리는 법이다. 또 나이가 들어 만난 사람들이 진정으로 마음이 통하는 친구가 되는 건 낙타가 바늘구멍 통과하기보다 어렵다고 느끼고 있다.

그럴지라도 한 번 서로 신뢰의 바탕이 생기면 그 후엔 세상사는 이야기도 하고 나라 걱정도 같이 하고 요즘 아이들이 어떻고 저떻고 개탄하거나 흉도 보면서 서로 낄낄대는 사이가 되기도 한다. 완전히 서로 터놓고 지내기까지 되긴 어렵겠지만 그래도 같은 시대를 살아가는 동시대인으로 최소한의 공감대는 만들 수 있을 것으로 믿는다.

그래서 나는 병원 내에서는 환자와 어떤 일로도 다투지 않는다는 원칙을 지키려고 애쓰고 있다. 문제가 생겼을 때 조금 더 참고 인내하며 대화해 보면 그냥 사는 데 지쳐 잠시 강퍅해진 곤비한 영혼이었다는 생각이 들 때가 많았다.

정말로 악하게 태어난 사람은 이 세상에 없는 것이 아닐까 하는 생각이 종종 들었고, 인생을 살아갈수록 내가 믿는 성악설보다 아내가 붙들고 있는 성선설이 더 근거가 있을지도 모르겠다고 느껴졌다.

그래서 앞으로도 계속해서 '차카게 살자'. '차카게 살자' 중얼거리며 남은 인생길을 터벅터벅 걸어갈 작정이다. 그 외엔 다른 길이 도무지 보이지 않는다.

이빨도 늙는다

치아는 일생을 거쳐 점진적으로 닳는다.

일종의 노화 현상이라고 해야겠다. 하루에 1,600번 정도 음식을 씹는데, 한 달이면 5만 번, 1년이면 60만 번, 10년이면 600만 번, 일생이 80년이라면 거의 5,000만 번이다.

그래서 필연적으로 생기는 것이 마모(磨耗)다. 치아의 씹는 면을 자세히 보면 반짝이는 자리가 보이는데 이것을 파셋(Facet), 즉 교묘면이라고 한다. 혹 호기심으로 이것을 보려고 다른 분들 입안을 들여다보지는 마시길 바란다. 쉽게 발견되는 것들이 아니다. 치과에서는 진료의자의 후사경 빛의 방향을 이리저리 바꾸어 가며 관찰하는 것이다. 그리고 모든 치과 의사들이 이것에 관심이 있는 것은 아니다.

하지만 나는 입안을 검사할 때 꼭 찾아본다. 적지 않은 진료 정보가 그 안에 담겨 있기 때문이다. 사실 한창 공부할 때 이런 교묘면을 주사 현미경으로 여럿 관찰해 보았다. 400배 이상 확대된 교묘면은 육안으로 볼 때와는 달리 거칠며 곳곳에 폭격 맞은 듯이 웅덩이가 파져 있다. 어느 정도 마모가 진행된 치아는 현미경 아래에서 인수봉 칼바위처럼 보이며, 절벽과 같은 교묘면을 따라 한 방향으로 달려가는 깊게 파여진 흔적들이 보인다.

그런데 이런 걸 들여다보아서 도대체 무엇을 알고자 하는 것인지 궁금해하는 분들이 있을 듯하다. 교묘면을 검사하여 얻는 정보는 다양하다.

첫째, 좌우 양측 골고루 씹는지 아니면 편측 저작을 하는지 본다. 사용하지 않은 쪽 교묘면은 빛을 반사하지 않는다. 하루만 사용하지 않아도 표가 난다.

둘째, 밤새 이갈이를 하는지 여부다. 교묘면이 빛에 반사되어 눈이 부실 정도다. 또 이갈이가 아주 심한 분들은 교묘면의 능선이 곡선을 이루며 둥글게 넘어간다.

셋째, 채식을 즐기는지 육식을 주로 하는지 알 수 있다. 채식 위주의 식단을 즐겨하시는 분들은 교모가 광범위하며 가징자리 부분이 톱니처럼 거칠다.

넷째, 치아의 보철물 재료를 선택할 때 일종의 가이드 역할을 한다. 교묘가 전반적으로 진행된 분들은 가급적 금속재료로 수복하는 것이 낫다. 금속 아닌 도자기 치아는 마모를 더 심하게 일으킬 수 있기 때문이다. 또 도자기 이는 파절 가능성이 아주 높다.

다섯째, 치과 치료의 난이도를 판단할 수 있다. 마모가 진행된 분들은 가능한 제한된 부위의 소규모 치료를 하여야 한다. 여러 이를 동시 다발로 건드리는 광범위한 치료는 적응력이 떨어져 시술하는 의사도 환자도 모두 심하게 고생할 가능성이 있다.

여섯째, 보철물의 수명 예측이다. 마모가 심한 분들의 보철물은 기대 수명이 평균 이하다. 이 때문에 오래 쓰지 못할 가능성이 높다고 반복적으로 주지시켜 드리고 있다. 미리 이야기하면 설명이 되지만 나중에 이야기하면 변명이 되면서 분쟁이 생길 수 있기 때문이다.

일곱째, 사주팔자까지는 아니더라도 관상 보듯 치아의 마모 양상을 관찰하여 성격을 추측할 수 있다. 이를 부드득 부드득 갈면서 살아가는 분들은 어찌 되었건 성질을 건드리지 않는 편이 나을 것이다.

마지막 여덟 번째는 마모 정도와 얼굴 형태를 조합하여 그 사람의 골프 드라이브 비거리를 짐작할 수 있다. 사각형 얼굴에 이빨마저 마모되어 있는 분은 무시무시한 비거리를 가진 분이다. 어프로치 샷까지 좋은 분이라면 내기 골프는 가급적 피하는 쪽이 나을 것이다.

그분은 정말 좋은 사람이었다

그분은 그냥 '좋은 사람이었다'고 말하는 것은 좀 부족해서 약간 길게 빼면서 '저웅~~말' 좋은 분이었다고 해야 할 그런 사람이었다. 그분과는 그냥 단순히 환자와 치과 의사의 관계로 진료실에서 몇 번 만나 보았을 뿐이고 나이 차이도 웬만하였던지라 친구처럼 가까워질 정도로 깊은 사귐을 나눈 적은 없다. 그리고 지금은 이 세상에 계시지도 않다.

하지만 무시로 한 번씩 그분 생각이 나곤 했고, 그럴 때마다 한동안 은근히 미소 짓게 되는 그런 분이었다. 대머리가 된 최불암 씨인가 싶을 정도로 속 빼닮은 얼굴 모습에다 넉넉한 목소리로 다른 사람들을 푸근하게 만드는 타고난 기질이 있기도 하였고, 겉으로 보이는 후덕한 인상에 더해 깊은 속 웃음을 자아내는 엉뚱한 면도 있는 분이었다.

몇 해 전 한 주일이 시작되는 월요일 아침, 30분 간격으로 환자 약속이 계속 잡혀 있는 바쁜 어느 날이었다. 그분은 그날 오전 중 3번째로 약속이 되어 있었다.

내가 속해 있던 어떤 모임에서 그분을 소개받아 치료를 시작하게 되었고, 그때는 이미 상당수의 임플란트를 심어 치료를 끝낸 뒤라 정기적으로 재검진을 하는 날이었다.

별 다른 불편을 이야기하지도 않았고 검사 결과도 특이한 것이 없었기에 다음 검사 날을 정해 드리곤 그날 진료를 마치려고 하였는데, 평소에는 별 말씀이 없이 과묵하다 싶었던 그분이 뜬금없이 말했다.

"근데, 이 원장! 이 원장이 어찌 삼화취정(三花聚頂), 오기조원(五氣造元)을 아시는고?"

"네? 하이고~, 제가 그런 걸 어떻게 알겠습니까? 잘 모릅니다만, 근데, 회장님, 어쩐 일로 그걸 말씀하시는지…요?"

"아~, 지난번 나한테 준 이 원장 수필집에 보니깐 그런 이야기 꽤 자세히 적어 놨던데?"

그러고 보니 잡다한 개인적인 이야기를 적어 수필집이라고 만들어본 적이 있었고 병원을 찾아주시는 환자 분들에게 한 권씩 그냥 드리곤 하였는데, 그 중에 절정고수의 내공 운운하며 싱거운 이야기를 적어본 글이 있기는 했다.

"하하하, 그건 제가 고등학생 시절에 〈정협지〉, 〈군협지〉 같은 무협소설을 좋아해서 꽤나 읽었는데 그때 주워들은 풍월이지요, 알긴 뭘 알겠습니까? 회장님께서 시답잖은 제 글을 너무 자세히 보셨습니다!"

"아니야, 이 원장, 책에 적어놓은 것 보니깐 수준이 보통이 아니던데? 근데 상단전, 중단전, 하단전이라고 알지요? 내가 젊어서부터 이 나이가 되도록 고심 끝에 스스로 창안한 방법으로 내가기공을 수련하여 상중하 단전이 다 뚫리고 마침내 임독 양맥까지 타통된 사람이오. 이 원장은 느껴보지 못했겠지만 상단전이 처음 열렸을 땐 수련 중에 갑자기 몸이 좌우로 흔들리게 되고 이어서 하단전이 열리면 뜨거운 기가 아랫배 쪽에 응집되면서 몸이 상하로 뛰기 시작하지. 그래 가지고~~상중하 단전이 서로 모두 통하면 아래 기해혈(氣海血)로부터 백회혈로 단숨에 진기가 치솟아 오르고 몸이 공중부양이 되면서 수직으로 떠오르게 된다~~이 말이요. 단전에 대하여 좀 자세히 이야기하자면 상단전은 신(神)이 거하는 곳이고 중단전은 기(氣)가 머무르는 곳이며 하단전은 정(精)이 거처하는 곳인 바 정에서 기가 생기며 또 기에서 신이 생기면 신은 상단전에 이르게 되는데……."

나는 그분이 그때 한 말씀들을 다 기억하지 못한다. 그 뒤로도 진기 운용에 관한 그분의 박다정심(博多精深)하고 심오한 강론이 한동안 계속 되었기 때문이다. 물론 무협소설을 휘리릭 읽기만 한 나의 어설픈 내공으론 무슨 말인지 이해하기가 어려웠다.

게다가 다음 환자 약속시간이 되어 마음도 다급해졌고, 갑자기 말문이 열려 버린 듯 쏟아져 나오는 그분의 이야기를 이대로 어정쩡하게 계속 듣고만 있다간 끝이 없겠다 싶어졌다.

하는 수 없이 환자 옆에 서서 눈물을 흘리며 연신 긴 하품을 해대는 간호사에게 미리 정해진 긴급 구조신호를 보냈다. 한솥밥을 오래 같이 먹은 간호사 미스 리가 얼른 눈치를 채고 큰소리로 말했다.

"원장님! 사모님 전화 왔는데요! 원장실에서 받으시겠습니까?"

"아! 그래, 그래야겠네, 허어허……회장님 죄송합니다. 나머지 이야기는 다음에 듣기로 하지요. 잠깐만요."

나는 내원한 환자 분들과 서로 이런저런 이야기를 나누며 소통하는 것을 마다하진 않는다. 오히려 즐기고 좋아한다. 하지만 진료 중 사회문제나 정치에 관한 이야기로 대화가 끝없이 계속될 때가 종종 있는데, 연세가 지긋하신 영감님들 경우엔 중간에 대화를 무작정 자르고 나오기가 좀 민망스러웠다.

그래서 야구의 도루나 번트 사인 같은, 우리 직원들끼리 내정된 신호로 그런 상황에서 원장을 구조해내는 환자 대응 매뉴얼 같은 것이 있었다.

'사모님 전화'는 그 중 가장 약발이 잘 먹는 것 중 하나였고, 나는 얼른 '사모님 전화'를 핑계로 자리를 일어나면서 다음 검사 약속일을 정해드리고 그날 진료를 마무리 지었다.

몇 주 지난 후 그분이 예정에도 없이 치과를 다시 찾아왔다.

아래쪽 어금니 근처가 좀 불편하다고 하는 것이었다. 검사해보니 그 연배분들에게는 흔한 풍치로 인한 문제인지라 일단 국소 마취를 하고 잠시 기다리는 중이었는데, 그분이 진료 의자에서 몸을 벌떡 일으키더니 내게 얼굴을 가까이 하여 눈을 맞추곤 아주 진지하게 지난번 무협 속편 이야기를 시작했다.

"이 원장. 내가 한때는 내기(內氣)가 충만하여 세상의 돌아가는 이치를 모두 다 깨우쳤고 생사현관이 뚫려 죽지 않고 영생하리라고 생각했던 적도 있었소. 저기 전라북도 무주 근처에 가면 적상산이라고 있는데 산꼭대기 안렴대 근처에 무학대사가 중건한 상원사라는 절이 있소.

……그곳은 옛적부터 무예승들이 많이 계셨는데 내가 듣기로 등봉조극(登峰造極)의 경지에 달한 고절한 무예를 지닌 고승 한 분이 거하신다고 해서 그분을 만나려고 간 적이 있었소. 그분이 바로 적운 스님이란 분이셨는데 내가 정중히 인사드리고 '우매한 중생을 굽어 살피시사 가르침을 베풀어 주십시오.' 하였지. 그 양반이 한동안 뜸을 들이다가 나를 슬쩍 보더니 '쓸 만

한 재주가 있으면 어디 한 번 해보슈!' 이러더라고.

……그래서 내가 일단 가부좌를 틀고 내기를 끌어 모은 뒤 기혈을 임독맥으로 움직이니깐, 이걸 주천화부(主天火符)라고 하는데, 몸이 스르렁 공중부양이 되었지. 그라곤 내기를 중단전으로 운기하여 순식간에 선방 구석으로 이동하였는데. 이건 부공삼매(浮空三昧)라 하고 사람들이 흔히 순간 이동한다고들 하지…. 그러니깐 적운 스님이 놀라워하시며 그 자리에서 나한테 되려 큰절을 하면서 말하기를 '제가 가르쳐 드릴 건 없습니다. 이미 출신입화지경(出神入火之境)에 이르셨습니다.' 이러잖겠어?"

황당하고 믿기 어려운 이야기는 또 다시 끝도 없이 이어지고 있었고, 이러단 마취도 다 풀려버리겠다 싶어 "회장님, 잠깐만요, 일단 불편한 곳부터 치료를 하겠습니다. 이야기는 담에 하시고요." 하곤 진료를 시작하였다.

자고로 치과 치료를 받으면서 말을 계속할 수 있는 사람은 없다. 무공이 아무리 높은 경지에 있더라도 그렇다. 고졸한 무예담론이 그치고 조용해진 진료실에 "아야야야~~!" 하는 연세 지긋하신 초절정고수의 비명소리만 울려 퍼졌다.

내가 말했다.

"아이고, 마취한 지 시간이 좀 되어 풀리기 시작하네요, 곧 마칠 거니 그냥 하시지요."

그분이 다시 진료실을 찾은 것은 그로부터 몇 달이 지나서 임플란트 치료에 대한 정기점검 날이었다. 예약을 확인한 나는 미리 간호사들에게 언질을 단단히 주었다. 그분이 또 다시 무협 장광설을 풀어 놓으면 적당한 때에 '사모님 전화' 호출로 구조해 달라고.

그날 예약시간에 맞추어 병원을 찾은 그분은 간호사의 안내로 진료실에 들어왔는데, 이번엔 진료 의자에 앉기도 전에 내 손을 붙들고 이야기를 시작했다. 기선을 제압당한 나는 하는 수 없이 진료실에서 그분과 다정히 손에 손을 잡고 마주서서 경청할 수밖에 없었다. 사람 좋은 미소를 짓고 있는 그분으로부터 웅후한 토기(吐氣)가 내 얼굴 가까이 뜨뜻하게 밀려왔고 나는 또다시 속절없이 밀려갔다.

"이 원장, 지난번에 내가 내공 수련이 극에 달해 사람이 이룰 수 있는 최고의 경지에 올랐다고 이야기한 거 기억하지요? 그 무렵 어느 날 내가 부산 서면(西面) 복개도로를 지나가고 있었는데 퇴근 시간이 되었는지라 사람들이 엄청 많이 다니고 있던 때였소.

근데 어디선가 예리한 기(氣) 한 줄기가 나를 향해 쏘아오는 것이 아니겠소? 내가 그 기세가 오는 방향으로 얼굴을 돌려 보니까 어떤 중년남자가 길에 서서 나를 계속 노려보고 있는데, 그 찌르는 듯한 기세는 바로 그 사람에게서 나오는 것이었소,

그래서 내가 가던 걸음을 멈추고 그 사람을 빤히 쳐다보고 있으니깐, 표홀한 신법을 전개하여 순식간에 성큼 다가오더니 말하기를 '현기(玄氣)가 엄청나게 강한 양반이로군! 나는 조선 해동검의 시조이신 장백산 스승님의 진전을 홀로 전수받은 류동수란 사람이요. 당신같이 내공의 기초가 충실한 사람이 본파의 해동 본류검을 익힌다면 반드시 조선 제일검이 될 것이오. 어떻소? 나와 함께 가지 않겠소?' 이러잖아?

하지만 나는 이미 영생지체를 이루었으니 그깟 조선 제일검 해서는 뭣에 쓰겠나 싶어 그냥 거절해버렸지. 그 양반이 무척이나 아쉽다는 표정을 지으며 가더군, 몇 번이나 나를 뒤돌아보면서 말이야……."

점입가경이라더니 그분의 믿기 어려운 무공 수련담은 도를 더해 갔는데, 너무 진지하게 이야기를 계속하는 바람에 혹 진짜 실화가 아닐까, 무협소설에 한 번씩 나오곤 했던 강호의 명리를 탐하지 않는 은거기인이 바로 그분이 아닐까 하는 생각이 들 정도였다.

어쨌거나 시간은 속절없이 흘러갔고 그분에게 손목을 단단히 잡힌 나는 치료는 시작도 하지 못하고 있었다. 대기실의 다음 예약 환자들이 손목시계와 진료실 안을 번갈아가며 들여다보기 시작했다. 나는 다시 마음이 바빠졌다. 그리고 황당하고도 당황스러운 그분의 길고도 긴 이야기를 참으며 들을 인내심도 마침내 거덜이 나기 시작했다.

속으로는 '그렇게 내공이 지순하고 높으신 분이 치아는 왜 그리 많이 빠져 임플란트를 하고 잇몸 수술을 하고 이 고생에다 이 난리십니까?' 이렇게 돌직구를 날리고 싶었지만 우량 고객 관리 차원에서 참았다.

사실 그분은 복부비만도 초일류 급으로 만만치 않았지만 홍콩무협 액션스타 홍금보를 생각해서 그 부분도 언급을 하지 않았다.

대신에 "근데 회장님, 머리털 빠지는 건 내공이 노화순청의 경지에 이르러도 못 막는가 보지요?"라고 애교 급의 잽을 살짝 날렸다.

"이 원장, 근데 믿기 어렵겠지만 어느 날 갑자기 내 몸의 모든 기가 쑥 다 빠져 나갔어. 나도 왜 그런 일이 생겼는지 몰라. 하여간 내공이 한 점도 남지 않고 순식간에 다 빠져 나갔어. 하단전 기해혈이 다 비워져 내기도 운용이 되지 않고, 그 일이 있고 난 후 이빨도 망가지고 머리털도 빠지고 배도 나오고 몸도 무거워지고, 지금 이 모양이 되었지……."

뒤에 선 간호사들이 고개를 돌리며 실실 웃기 시작하였지만 나는 그럴 수 없었다. 그분의 웃음 띤 얼굴이 약간 붉어지면서 계면쩍은 듯한 표정이 겹쳐 서리기 시작한 것을 볼 수 있었기 때문이다. 게다가 어깨도 축 늘어지기 시작하는 듯했다.

나는 급히 위로 모드로 전환하여 “아이고, 세월에 장사가 있겠습니까? 그래도 회장님께선 동급 최강이십니다. 저도 지금은 젊지만 곧 회장님 뒤를 따라가지 않겠습니까? 나중에 제가 회장님 연배가 되었을 때 지금 회장님처럼 건강하기가 어려울 것 같은데요? 제 정수리 머리털 빠진 것 좀 보십시오.”라고 한 뒤, “일단 심어놓은 임플란트 검사를 해봐야겠습니다, 미스 리, 회장님 얼른 자리에 안내해 드리세요.” 하며 치료를 겨우 시작했다.

그날, 그분 이후의 진료 스케줄은 밀리고 밀리면서 또 다시 엉망이 되었다. 도저히 안 되겠다 싶어진 나는 그날 저녁 일과를 마치면서 예약 담당 간호사에게 다음부터는 그분의 진료 약속시간을 가장 마지막 시간에 잡아두라고 말했다. 그분의 말씀이 또 다시 길어지더라도 계속 경청할 시간적인 여유가 있도록…….

임플란트 환자들은 보통 1년에 한두 번 검진을 한다.

그분의 재검 날짜가 다가왔고 예약 담당 간호사 미스 김은 내가 미리 이야기해둔 대로 진료 약속을 오후 늦게 일과 시간 마칠 무렵 마지막 스케줄로 잡아두었다. 마음이 제법 넉넉해진 나는 이번엔 그분이 무슨 이야기를 하건 다 들어볼 작정을 하고 있었다. 원하신다면 일과 후 같이 시간을 따로 내서라도 이야기를 나누어 볼 참이었다. 사실 그분의 내력에 관해 적잖은 호기심이 발동되기도 했던 것이다.

약속시간이 되어 그분이 오셨고 엑스레이를 찍었고 바로 진료를 시작했고 별 이상이 없는지라 “회장님, 아주 잘 관리하고 계십니다. 상태가 좋습니다. 다음 점검은 다시 6개월 후에 잡도록 하겠습니다. 혹 불편한 일이 생기면 전화주시고 오시면 되겠습니다.” 그러곤 마쳤다.

그때까지도 별 이야기가 없어서 이번엔 예상 밖으로 그냥 조용히 가시려나 싶었는데, 약간 뜸을 들이더니 헛기침을 두어 번 한 후 그분이 말씀하셨다.

"이 원장 덕분에 요즘 아주 잘 먹고 있어. 잘 치료해주어서 고맙소. 컨디션이 좋아! 아주 좋아!"

"………."

"근데……이 원장, 저기 말이요. 칸트의 순수이성비판과 실천이성비판에 보면 말이요……. 우리가 처한 현실에 대한 인식과 개인적인 경험이 서로 상호보완적이기도 하고 충돌하기도 하는데 말이요, 내가 오랫동안 깊이 연구해보니깐 개인의 직관적인 관점이 더 우선시되어야 할 것 같더라고, 물론 그 개인이 완전히 자유로운 상태에서 사유한 결과물일 경우에 한하겠지만, 왜냐하면……."

무공 이야기가 아니라 칸트라니, 이성비판이라니, 초절정 무예 고수의 입에서 난데없이 인용된 독일 철학자와 그의 난해한 저서들에 대한 이야기는 나를 잠시 혼수상태로 만들었다.

대한민국 치과 의사와 조선 해동검의 후계자가 될 뻔했던 분이 무공비급 대신 칸트의 철학서적을 논하다니 말이 안 되는 일이지, 철학과 사람들이 들으면 사오정 둘이 머리를 맞대고 심각하게 이야기하고 있다고 웃다가 포복졸도하며 넘어 가겠군, 그렇게 생각하니 하단전으로부터 웃음이 참을 수 없이 나왔다.

"하하하, 아이고~ 회장님, 저는 내공수련 이야기하실 줄 알았는데 갑자기 칸트라니요? 그쪽으론… 저는 그야말로 진짜 무식합니다."

하마터면 기가 죽을 뻔했던 내가 겨우 정신을 수습한 뒤 말했다.

지금에야 밝히지만 나는 명문 국립S대 출신이다.

다른 모든 S대 출신들이 그러하듯 나도 임마누엘 칸트와 그의 세 비판서에 관한 사지선다형 문제라면 족집게 도사처럼 정답을 고를 수 있다. 하지만 그걸 논하다니, 골치 아픈 이 세상을 힘겹게 머리 굴리며 살아가는 나에게 칸트를 안주 삼아 논쟁하는 일만큼은 절대로 일어나지 않기를 바라고 있었다. 그의 저서들은 읽어본 적도, 읽어보려 한 적도 없었고, 당연 그의 난해한 비판서를 비판한다는 것은 언감생심 엄두도 못 낼 일이었다.

그런 머리 아픈 이야기라면 병원 문 닫고 일찌감치 집으로 가는 편이 심신의 건강과 치과 의사의 품위를 손상 없이 유지하는 길이겠다 싶어, 다음 점검 날짜를 한 번 더 말씀드리곤 "안녕히 가십시오. 별다른 이상이 없으십니다. 다음 약속 때 뵙겠습니다." 해버렸다.

그분도 다른 저녁 일정이 있는지 그날은 더 이상 말씀을 하지 않고는 약간 고개를 숙이고 칸트가 산책하듯 깊은 사색에 잠긴 얼굴로 병원 문을 천천히 걸어 나갔다. 나는 다음 약속 때까지 골치 아픈 칸트의 비판서들을 읽어야 하나 말아야 하나 깊은 고민에 빠졌다.

그 후 몇 달이 지난 후 치과로 전화가 왔다.

그분의 부인으로부터 걸려온 전화였다. 나하고 직접 통화하기를 원한다고 하는 것이었다. 진짜 '사모님 전화'인지라 하던 진료를 잠시 멈추고 전화기를 들었다.

"치과 선생님, 아무개 씨 안사람인데요, 지금 제 바깥양반이 서울 모병원에 입원중이신데요, 이가 좀 불편하다고 하시네요, 혹시 엑스레이와 진료차트를 그쪽 병원으로 보내주실 수 있는지요?"

난데없이 그분이 입원했다니 상당히 놀랐다. 워낙 건강 체질이라 무슨 큰 병이 있을 리 없다는 생각을 하고 있었기 때문이다.

"그렇습니까? 사모님, 물론 자료들을 보내드리지요. 근데 회장님 아주 건강해 보이시던데 갑자기 무슨 일로 입원까지 하셨는지요?"

"대장암 말기랍니다. 얼마 전 평생 처음으로 건강진단 한 번 받아보았는데 난데없이 의사들이 그렇다고 하네요. 식사도 잘하셨고 그간 아무런 불편한 증세가 없었는데, 저도 도무지 믿기지가 않고요, 처음엔 의사들이 농담하는 줄 알았어요. 근데 온몸으로 퍼져 수술도 안 된답니다. 이미 늦었다고 하네요. ……지금은 그냥 항암치료 중인데…몇 번 이미 받았고요, 그런데 이가 좀 불편해지셔서, 내려올 순 없고 입원하고 계신 병원 치과에서 진료를 받았으면 하거든요. 여하튼 잘 견디고는 계시지만 많이 어려워하고 힘들어 하시네요."

나는 뭐라고 위로해 드려야 할지 몰라 말문이 막혀 버렸다.

"너무 뜻밖이네요. 그러신 줄은 몰랐습니다. 하지만 회장님께서는 워낙 건강 체질이시니 좋은 결과가 있을 겁니다. 사모님께서도 많이 힘드시겠습니다. 지금 바로 엑스레이와 진료 차트 보내드리도록 하겠습니다. 그쪽 이메일 주소 가지고 계시면 좀 불러주시지요."

그 후 해가 바뀐 어느 날 그분의 사모님 전화가 다시 병원으로 왔다.

"선생님, 제 남편이 돌아가셨어요. 한 두어 달 되었습니다. 다행히도 많이 고생하시지는 않으셨고요. 병상에서 선생님 이야기도 간간이 하시데요, 재밌는 이야기 서로 많이 나누었다고요. 그리고 누누이 저한테 말씀하셨는데 이가 아프면 선생님 병원을 찾아가면 된다고 하더군요. 말이 잘 통한다고요. 선생님께 고맙다고도 하셨고요."

"아이고, 사모님, 제가 회장님께 해드린 게 뭐가 있다고, 그냥 믿고 찾아주신 것만 해도 감사하게 생각하고 있습니다. 저야 그냥 치과 의사로서 치료해드린 것뿐인데요, 정말 안타깝습니다. 참 좋은 분이셨는데, 명복을 빕니다. 뭐라고 위로의 말씀을 드리고 싶은데……입이 도무지 열리지가 않네요. 저응~말 좋은 분이셨습니다."

나는 진심으로 애도를 표했다. 그리고 그런 마음이 그분의 사모님께 온전히 전해지기를 원했다.

"고맙습니다, 선생님. 그런데 제가 이빨이 좀 불편해졌어요, 언제 검진을 받아볼 수 있을까요?"

"물론입니다, 사모님. 지금 바로 시간을 예약해 드리겠습니다!"

그분의 사모님이 치과로 내원하시는 날이 기다려졌다.

그때 치료가 끝난 후 나는 물어볼 참이다. 그분이 부인을 번쩍 안아 들고 공중부양을 하여 부엌에서 아파트 거실로 순간 이동을 하곤 하셨는지, 그리고 임마누엘 칸트의 순수이성비판에 관한 열띤 강론을 졸음을 참고 듣다, 자기도 모르게 스르르 소파에서 잠들어 버린 적이 있었는지…….

그날 내내 절정고수의 경지에 올랐다 다시 나와 같은 범속한 일반인으로 되돌아왔던 그분의 웃는 모습이 계속 떠올랐다. 우리의 삶에서 아기자기함을 느끼는 건 다행히도, 그리고 고맙게도 거의 언제나 소소한 일상으로부터 온다.

병상일기

프롤로그

혹은 이 날을 저 날보다 낫게 여기고 혹은 모든 날을 같게 여기나니 각각 자기 마음에 확정할지니라. 로마서 : 14-5

살다보면 별의별 일들을 다 겪는 것이 인생 일반이다.

누구에게나 각자에게 주어진 인생의 시간 중에 즐길 만한 날들이 올 것이고, 또 도무지 감당키 어려운 고난의 날들이 닥치기도 할 것이다. 그런데 어떠한 경험이든지 오로지 나쁘기만 하거나, 반대로 아주 좋기만 한 것은 없다는 주장에 나는 전적으로 동의한다.

복권 당첨으로 일순간에 거부가 된 사람들의 거의 전부가, 몇 년 후 당첨 전보다 훨씬 더 비참해졌다는 이야기를 들은 적이 있다. 뛸 듯이 기뻐했던 그 행운의 순간이 지나고 파멸의 시간이 자신도 모르는 사이에 덮쳐온 것이다.

반면에 어렵고 고통스러운 경험을 통과하여야만 했던 사람들은 헝클어진 삶의 우선순위를 똑똑히 가려내어, 더 이상 쓸데없고 무의미한 일에 인생의 귀중한 시간을 낭비하지 않는다. 거센 폭풍우 가운데서도 그 뒤에 감춰진 햇살을 보았으므로 몰아쳐 온 역경과 고통의 순간도 인내로써 견디어 냈던 것이다.

그래서 내가 환갑이 되기 직전에 뜻밖에 경험한 육신의 병과 고통은 그 자체로 충분히 내 삶에 가치가 있는 일이 되었다. 내 육신의 일부분이 의사들의 매정한 메스 질로 뭉텅 잘려 나갔지만, 그들이 칼질하지 못한 내 인생의 부분들이 아직도 많다는 것을 깨우치게 되었다.

더불어 깨달은 것은 우리의 육체는 즐거움의 통로이기도 하지만, 극단적인 고통의 문을 여는 열쇠이기도 하다는 것이었다. 질고(疾苦)의 경험은 먹물을 잔뜩 묻히고 살아왔던 나에게 육신과 정신이 따로 분리되어 작동할 수는 없다는 것을 새삼 배우게 해주었다. 그래서 정신일도 하사불성(精神一道何事不成)을 외쳐왔던 지난날들은 이제 슬그머니 뒤로 감추기로 했다.

건강한 육체에 건전한 정신이 깃든다는 것을 기억하며, 살아 있는 동안 육신이 병들지 않도록 좀 챙겨 주어야겠다는 생각이 든 것이다. 우리의 육신은 하나님께서 창조하신 최고의 걸작으로 우리가 잠깐 빌려 쓰고 있는 것이니, 조심스럽게 다루어야 함이 마땅하다는 것을, 미련하게도 한바탕 병고를 치른 후에야 새삼 다시 깨달은 것이다.

육감(The Hunch)

화장실에서 큰일을 치르면 그것을 보통 "변을 본다."라고 한다.

그래서 나는 말 그대로 변을 쭉 보아왔고 그날도 보았다. 그런데 육감이라고나 할까. 하여간 뭔가 다르다는 느낌이 서늘하게 들어왔다. 아무튼 불편한 증상은 없었지만 약간의 색깔의 변화, 그리고 점액질의, 가늘어진 듯한 그것들, 일상적으로 가끔씩 생길 수 있는 작은 변화지만 감이 달랐다.

변기에 앉은 채로 지난번 건강검진 받은 게 언제였는지 기억을 더듬어 나갔다. 7개월 전 검진 때 대장 용종 3개가 발견되었고, 내시경 수술로 제거하였다는 것을 기억하곤 생각이 길어지고 깊어졌다.

용종을 제거한 의사 선생이 "완전히 제거되었으니 3년 뒤에나 봅시다." 그랬는데, 그렇다면 이건 무슨 조짐일까? 한동안 앉아 있다 다음 변이 어찌 될는지 봐야겠다고 생각하곤 화장실을 나왔다. 그 다음날 아침, 조금 더 색깔이 짙어졌고, 그 다음 다음날은 커피색으로 변했다. 점성도 더 심해졌다.

몸의 이상이 생긴 것은 확실하였고, 그것이 대장의 문제인지 위의 문제인지를 가늠하기 어려웠다. 대장내시경 수술을 받은 지 얼마 되지 않았고, 그때 용종들이 다 제거되었다면 이번의 문제는 위장에서 발생한 것이 아닐까. 그렇다면 위암일 가능성이 높다고 생각되었다.

선혈이 보이지 않았으므로 상부 위장 관에서 발생한 출혈이 거의 확실하였기 때문이다. 만약에 위암이라면 좀 늦은 발견이 될 가능성이 높았다. 생각은 복잡해졌고, 이쯤 되어서는 집사람에게 이야기해야 될 것 같았다. 그리고 너무 호들갑은 떨지 말아야겠다고 자신에게 다짐했다. 병원에서 검사를 받으면 다 알게 될 일이니, 혼자서 머리를 미리 복잡케 하는 것은 어리석은 일이다.

그러나 내 인생에 큰 시련이 다가왔다는 예감은 확실하게 느꼈다. 뜬금없이 '아이들은 다 키워놨으니 지들이 알아서들 잘 살아가겠지.' 그런 생각이 들었다. 죽음의 그림자가 성큼 다가오면 아이들이 먼저 생각나는 법인가?

여자들은 참 눈치가 빠르다.

지나가는듯한 어투로 아내에게 "좀 이상해, 변이…."라고 이야기하였는데, 화들짝 놀란 표정이다. 당장 전화기를 들더니 그동안 계속 건강검진을 받던 병원에 연락해 검사 일정을 바로 예약해 버렸다. 빨리 검진 날짜를 잡아달라고 떼를 쓰면서 말이다.

검진 예약일이 일주일 앞으로 결정되었다. 그 사이 변은 색깔이 정상으로 돌아왔지만, 잠액성인 것은 그대로다. 좋지 않은 징조다. 어쨌거나 장을 비우는 약을 먹을 생각을 하니 한숨이 저절로 나왔다. 그 닝닝한 맛이라니, 넘어가지 않는 것을 목울대를 움켜잡고 쏟아 부어야 하는 고역을 생각하고는 또 다시 한숨을 길게 쉬었다.

기다리는 시간은 마치 고인 물과 같다. 흘러가지 않는다.

검사 날짜까지의 일주일은 길게 늘어지고 무게가 더해져 답답하기만 하다. 일과를 마친 후 집에서 인터넷 검색으로 소화기 암을 찾아보다가 그만 접었다. 때가 되면 다 알게 될 일로 무단히 정신만 어지럽게 하다니, 그야말로 쓸데없는 일이다. 진단이 확정되기까지 아무에게도 말하지 않기로 작정도 했다. 누가 대신 져줄 수 있는 짐이 아니니 서로 번거롭게 될 뿐이다. 게다가 무슨 참된 위로가 될 수 있겠는가?

그새 식단이 완전히 풀밭으로 변해 버렸다. 고기 좋아하는 내 식성 탓으로 고생을 하게 되었으니 앞으로는 풀만 먹고 살라고 집사람이 엄포를 놓는다.

검진일이 되어 밑 터진 환자복으로 갈아입고 노숙자 풍으로 병원에 앉아 있다. 대기실 정면 벽에 걸린 TV에서, 정신없게 차려입은 젊은이들이 떼 지어 이리저리 뛰며 노래 부르고 있다. '도대체 왜 저러는 걸까?' 하는 생각이 들어왔다. 밤새 마셨던 4리터의 생수와 콜론라이트 혼합액은 거의 물고문 수준이었다. 저절로 진저리가 쳐졌다.

"옛날 미국에서 대장검사를 할 땐 맑은 사과주스는 같이 먹어도 된다고 하였는데……."

구시렁대다가, 혹시라도 검사에 지장이 될까 봐 그냥 하라는 대로 맹물을 마시며 버텼다. 계속된 설사로 벌써 힘이 빠진 걸 느낀다. 몸은 축 늘어져 길쭉해진 느낌이다. 이쯤 되면 눈동자도 퀭해졌겠지 하며 거울을 보았는데, 아직은 전혀 아니다. 할리우드 액션 해봤자 보아줄 사람 아무도 없다고 자신에게 한 번 더 일러두었다. 수면내시경으로 위, 대장 모두 동시에 검사하기로 되어 있으니 한 숨 자고 일어나면 결과가 나올 것이다.

다른 약발은 안 받아도 수면 유도제의 약발은 잘 받는 편이다.

"이제 주사 놓습니다!" 소리 들은 것 같은데, 바로 잠이 들어 버렸고 정신이 드니 모든 검사가 끝났다.

"일어나실 수 있겠습니까?"

간호사가 묻는 소리에 천천히 몸을 일으켰다.

아직은 좀 몽롱한 편이지만, 내시경 모니터와 옆에 앉아 있는 담당 의사, 간호사가 보인다. 그런데 기다려도 둘 다 아무른 말이 없다. 모니터엔 기록된 영상이 보인다. 여기저기 번진 백색의 병변 주위로 약간의 점막 출혈이 있었다. 암이다.

내가 먼저 물었다.

"위(胃)입니까? 대장(大腸)입니까?"

"위는 괜찮으십니다."

"그럼 대장입니까?"

"……."

대답이 없다.

"발생 부위가 대장 어디입니까?"

"……."

또 대답이 없다.

"지난번 용종 절제한 부위입니까?"

담당 의사가 고개만 끄떡인다.

지난번 완전히 제거했다는 그 자리에서 대장암이 생기다니, 담당의사가 곤혹해 하는 이유를 알겠다. 양성 용종을 선불리 건드려 악성으로 변이한 것이니, 혹이라도 내가 난리를 칠까 걱정 중인 것이다. 덜 빠진 마취 기운으로 몽롱한 가운데 생각을 정리했다. 지금은 이미 발생한 암에 대한 치료가 더 중요한 때다. 지난번 시술한 의사를 원망하는 건 그 다음 일이다.

"그러면 어떻게 할까요?"

"조직검사 결과가 일주일 후 나옵니다. 그때 다시 이야기하시지요."

더 이상 이야기할 필요가 없겠군. 냉정하게 일을 처리하는 것이 최선일 것이다. 환자복을 갈아입고, 다음 약속일을 잡은 후 병원을 나왔다. 햇빛에 눈이 부셨다.

어른들을 모시고 강원도 쪽으로 여행을 가기로 한 달 전에 예약해 두었었다. 몸이 당장 불편한 것도 아니니 예정대로 떠나기로 했다. 속으로 어쩌면 같이 떠나는 마지막 가족여행이 될지도 모르겠다는 생각이 들었다.

'암이란 정말 희한하군. 내장을 그 모양으로 파먹고 있는데도 정말 아무런 느낌이 없다니.'

문득, 배가 갑자기 아파 병원에 가 보았더니 이미 손을 쓸 수 없는 대장암 말기라는 진단을 받고 투병하다 돌아가신 분이 생각이 났다. 내과 전문의셨는데, 자기 몸의 이상을 그 지경이 되도록 못 느꼈던 것이다.

"참 아까운 분이셨지, 인품도 훌륭하고 실력도 좋았는데……."

그런데 같이 여행하는 가족들과 웃고 떠들며 즐기는 게 좀 힘이 든다. 암으로 변이했다 하더라도 7개월 정도만 경과되었으니, 나는 그 정도는 아닐 것이라고 스스로에게 위안을 했다. 괜히 눈치를 보여 걱정은 끼쳐 드리지 말아야지, 다시 스스로에게 다짐했다.

태백산 순환 열차를 타고 여행하던 중 병원으로부터 전화가 왔다. 조직검사 결과가 나왔고 예상대로 악성이었다. 의사가 입원절차를 밟겠냐고 물었다. 수술날짜를 잡아보겠다는 것이다. 하지만 나는 작년에 시술한 그 의사를 다시 신뢰하기로 하였다.

마침 딸아이도 그 병원에서 레지던트로 수련 중이었으니, 그쪽이 더 낫겠다고 생각했다. 게다가 국립병원은 환자를 영혼이 있는 인간으로 보질 않는다. 그리고 나는 영혼이 깃든 육신을 가진 존재다. 나는 딸아이가 근무하는 A병원으로 택하였다.

옛날 나의 스승님은 전립선 암 수술을 앞두고 체력을 단련하기 시작하셨다. 스웨덴 분이셨는데, 골프채 끝에 웨이트를 달아 스윙을 매일하면서 몸 상태를 조절하셨다. 고령에도 불구하고 그분은 수술을 잘 견디시고 건강을 회복하셨다.

사실 그냥 지내시더라도 여생이 얼마 남지 않았을 법한 연세이셨지만, 주어진 삶에 대한 긍정적인 태도를 끝까지 잃지 않으셨다. 나는 그분을 학문적으로도 인간적으로도 존경한다. 그래서 나도 뒤늦은 결정일지라도 음식들을 가려먹기 시작했다. 그리고 몸의 상태를 수술 전까지 최적의 상태로 만들기 위해 가벼운 운동을 시작했다.

고기를 좋아하는 내 식성 탓에 생긴 병이라고, 거의 매일 퇴박을 맞기 시작했다. 병과 함께 견뎌야 하는 것 중에는 마누라의 입 구박도 있었다. 어쨌든 할 말이 없었다.

작년에 대장용종을 수술한 담담의를 다시 만났다.

안경을 계속 고쳐 쓰며 검사 소견을 들여다보다 난처해하는 그의 표정에서 동업자의 고충을 느꼈다. 나도 잘 안다. 스스로도 참담함을 느끼고 있는 것이다. 그는 자부심이 대단한 의사다. 하지만 자신이 최선을 다했더라도, 항상 결과가 좋은 것은 아닌 것이 사람을 치료하는 일이다. 나는 그에게 원망의 소리는 하지 않았다. 앞으로 당해야 할 치료과정에서 그냥 최선을 다해주기만을 부탁했다.

바로 다음날 다시 역겨운 콜론라이트를 마시면서 장을 비우는 밤을 보내곤 대장내시경으로 재검진을 받았다. 거듭된 장세척으로 점차 몸의 균형이 흐트러지는 것을 느꼈다. 재검의 결과 역시 작년 용종을 제거한 그 자리에서 악성 암이 발생되었음을 확인하였다.

"바로 수술 들어가시지요."

그가 말했다.

"마침 이틀 후 수술시간이 비어 가능합니다. 어떻습니까?"

나는 그렇게 하기로 동의했다. 어차피 피할 수 있는 일이 아니었다.

서울 A병원의 10층은 소화기 암 병동이다.

모두 대장암, 위암으로 입원실에 드러누워 있다. 여기서 건강한 사람은 의사와 간호사들, 그리고 병원 직원들뿐이다. 환자복으로 갈아입고 수술 날을 기다리며 병실에 누워 있다. 금식을 시작한 지 벌써 4일째다. 포도당액

이 들어 있는 비닐 주머니로부터 가는 관을 통해, 나의 왼쪽 팔의 정맥혈관으로 영양분이 공급되고 있다. 별다른 허기나 갈증을 느끼진 않는다. 몸무게도 아직은 변화가 없다.

"신통하군. 나흘을 먹지 않아 장에는 곡기 한 점 없는데 축이 나지 않다니."

혹시나 얼굴이 수척해졌나 화장실에서 거울을 들여다보니 여전히 오동통하다. 여느 때처럼 기름기로 빤짝거리는 콧등을 쳐다보니 동정을 받기는 애당초 글러 먹었다.

기다리는 동안 수많은 수술 전 검사와 처치가 이미 행하여졌다. 이 중에 가장 고약한 것은 수술 부위의 털을 제거하는 것이다. 수술 후 절개선을 따라 감염이 생기지 않도록 하는 예방조치이긴 하지만, 기분이 영 시금털털하다. 탈모제 연고를 바르곤 닦아내니 우수수 뽑혀버린다. 인간들이 발명한 기괴한 약들 중 하나의 효과다. 옛날엔 그냥 밀어 버렸는데, 그게 귀찮아 이 딴 연고를 부단한 연구 끝에 제조했다니, 인간이란 족속은 정말 못 말린다.

4년차 수련의로 일하고 있는 딸이 자꾸 병실로 와서 최신 개그를 하곤 한다.

자기 일로 정신없이 바쁠 텐데, 제 아비가 수술을 앞두고 쫄고 있을까 걱정이 되는지 애써 밝은 표정을 지으며 병실을 들락거린다. 소화기 병이니 같이 먹을 일도 없고, 이참에 딸과 이야기나 자주 해야겠다, 생각했다. 역시 뭐든 완전히 나쁜 일은 없는 것이다.

제 엄마하고도 수다를 한동안 떨고 간다. 아내는 수련의 말년차를 빽으로 둔 것만으로도 좀 안심하는 눈치다. 벌써 나흘째 내 곁에 딱 붙어 지키고 있는 아내의 얼굴을 쳐다보다 가슴이 먹먹해졌다. 시원찮은 남편을 만난 탓에 저 고생을 하고 있구나 싶어졌다.

"당신도 잠을 좀 자야지?"

그렇게 말하곤 침대에 누워 눈을 감았다. 내일 늦은 오후가 수술 예정 시간이다.

입원실부터 수술실까지 침대에 누운 채로 그야말로 운반되어 왔다.

침대바퀴 구르는 소리와 함께 병원 복도 천정의 형광등이 도미노처럼 다가왔다 사라져 간다. 아내와 딸이 곁에 바짝 붙어 같이 따라오더니, 수술실 문 앞에 이르러 "좀 있다 봐요. 수술 잘 받으세요." 한다.

수술실 문이 닫히고 이젠 나 혼자가 되었다. 우리 모두가 언젠가는 혼자가 되는 법이지 하는 생각이 들었다. 실려 오는 도중 아내와 딸에게 뭔가 농담을 하였더라면 좀 품위 있고 우아하게 보이지 않았을까? 근데 또 쓸데없는 생각이다.

"수술실로 들어가는 것은 마치 오지 여행을 혼자서 떠나는 느낌이군."

수술실 옆 대기실에서 수술 침대로 옮겨 탄 후 누운 채 천정만 쳐다보고 있다. 베개, 담요, 시트 모두를 미리 따뜻하게 데워 놓았다. '차가운 수술대에 누우니' 이런 표현은 이제는 틀린 것이다. '그나마 한결 낫네!' 생각하며 주위를 슬쩍 보니, 나 말고도 여러 명이 나란히 누워서 차례를 기다리고 있다.

갑자기 옆 침대의 어느 아주머니가 흐느끼기 시작했다. 간호사들이 달려와 "괜찮으실 거예요, 너무 걱정 마세요, 다 잘 될 겁니다." 위로하기 바쁘다.

어찌 할거나? 병든 몸은 원래 슬픈 것이다. 집도의가 다가와서 나를 내려다본다. 나는 그를 올려다보고 있다. 그가 말했다.

"일단 복강(腹腔)경으로 들어가겠습니다. 여의치 않으면 개복할 거고요. 한 숨 푹 주무시고 일어나십시오!"

나는 여느 때처럼 저녁에 잠자리들 듯 준비를 했다. 혹 다시 깨어나지 않을지라도 두려워할 것은 없다. 그리곤 곧 잠이 들었다.

"생기를 주장하여 생기로 머무르게 할 사람도 없고 죽는 날을 주장할 자도 없고……. 전도서 8-8"

의식이 돌아오고, 몇 초도 안 되어 격심한 통증이 쓰나미처럼 몰아쳐 왔다. 저절로 신음이 나오기 시작했다. 곧 이어 현기증이 홍수처럼 몰려오자, 구역질이 나기 시작하고 숨이 가빠졌다. 머리는 짓이겨진 듯 아프다.

"아빠! 수술은 잘 되었어요."

"여보! 고생했어요, 깨끗하게 되었답니다."

모든 목소리가 뒤섞여 여기저기서 들려오기 시작했다. 올려다보고 있는 복도 천정의 형광등이 꼬리를 물고 사라진다. 나는 다시 입원실로 돌아가고 있는 것인가? 통증은 여전히 절대적인 위력으로 나를 완전히 압도하고 있다. 계속 이렇게 아프다면, 죽을까 걱정할 게 아니라 죽지 않을까 걱정해야 할 것이다. 모르핀도 그 무엇도 이 고통에는 효과가 없다. '피할 수 없으면 즐기라.'고 했던 누군가의 말은 그야말로 흰 소리다. 정신이 아득해졌다.

입원실로 다시 돌아왔다.

주위에 많은 사람들이 분주하게 움직이고 있다. 통증은 여전하다. 그래도 정신은 좀 더 맑아졌다. 아내와 딸이 보인다. 간호사들이 분주히 움직이고 있다. 침대 곁엔 온갖 수액들이 주렁주렁 달려 있다. 아내가 내 손을 꼭 붙들고 있다는 것을 그제서야 알게 되었다.

회복, 그 긴 시간

나는 수술 후 4일에서 5일 내로 퇴원할 작정이었다.

그래서 병원 환자 약속도 일주일만 비워 두었다. 다시 진료에 복귀하는 데는 일주일 정도면 충분할 거라고 내 맘대로 생각했던 것이다. 그래서 친척들에게도, 병원 직원들에게도 입원하여 수술을 받을 것이라고 미리 말해 두지 않았다. 그냥 잠깐 외국 여행을 다녀올 듯이 하였던 것이다.

그런데 내가 잊은 것이 있었다. 내가 살아오면서 확신하다시피 예측한 일은, 이상하게도, 내 뜻대로 되지 않는 경우가 많았다는 것을 또 까먹은 것이다. 수술 후 다음 날부터 통증이 어느 정도 가라앉고 정신도 맑아졌지만, 장이 잘 움직여주지 않았다. 일주일이 지났지만 한 스푼의 미음도 삼킬 수 없었다. 아랫배에 가득 찬 가스와 액은 배출구를 찾아 이리저리로 우르르 몰려 다녔다. 파도처럼 주기적으로 몰려오는 통증은 마치 예리한 칼날로 찌르는 듯하였다. 비명이 절로 나왔다. 진통제 없이는 잠을 못 이룰 정도로 고통스러웠다. 주치의는 절제한 장이 범위가 넓은 경우 장 유착이 오기도 하는데, 시간이 지나면 나아질 것이라고 말하였다.

"괴롭더라도 입원실 주변 복도를 자주 걸어 다니십시오. 그게 장 풀리는 데는 제일 효과가 좋습니다."

그래서 나는 수액을 바퀴달린 받침대에 걸어 놓고는, 그것을 밀며 복도로 나섰다. 한 걸음 내딛는 것이 고통스럽고 힘들지만, 지긋지긋한 장 유착을 풀기 위해서라면 해야 한다.

한 바퀴를 돌면 약 80m정도 되는 복도였다. 머리는 어질어질하고 사지는 힘이 없고 배는 터질 듯이 아프고, 몇 걸음 걷다 쉬다 하면서, 마치 좀비가 걷듯이 흐느적거리며 복도를 걷기 시작했다. 그렇게 시작한 복도 돌기는 그 후 20여 일간 계속되었다. 유착된 장은 여전히 풀리지 않았고 음식을 먹지 못한 지도 어느덧 3주가 훌쩍 넘어 버렸다. 몸무게는 10키로 이상이 빠져 나갔다. 그토록 빼려 했던 몸무게이니 이것도 완전히 나쁘기만 한 일은 아니라고 생각했다. 그럼에도 복통은 지긋지긋하게도 계속되었다. 몸과 마음이 지쳐갔다.

암을 수술로 제거할 경우 그 인접 조직도 광범위하게 절제하는 것이 일반이다.

또한 주변의 임파절도 다수 제거하여, 혹 전이된 암세포가 있는지 조직학적으로 정밀 검사한다. 나는 다행히도 암종 주변부와 채취한 36개 임파절 모두가 정상 소견을 보였다. 초기 암이었던 것이다. 항암치료는 하지 않아도 되었다. 불행 중 다행이었다.

항암치료는 멀고도 먼 고통의 길이며, 그 인고의 길을 가지 않아도 된다면 축복받은 몇 안 되는 사람 중 하나다. 나는 계속되고 있는 장 유착의 질고를 더 이상 불평하지 않기로 했다. 견디기 어렵게 괴롭고도 괴로웠지만.

20여 일 복도를 돌고 또 돌았다. 생각하면서도 걸었고, 아무 생각 없이도 걸었다. 낮에도 밤에도 새벽에도 걸었고, 복도 끝 창문을 마주 보면서도 걸었고, 등지고도 걸었다. 눈을 감고도 걸을 수가 있겠다 싶어질 정도로 걸었다. 복도를 따라 있는 20여 개의 병실 환자는 계속 새로 입원한 사람으로 바뀌었지만 나는 계속 돌기만 하고 있었다.

그래도 단단히 꼬여버린 장은 좀처럼 풀릴 기미가 없었다. 그러다 마침내 수액을 놓을 수 있는 정맥 부위가 거의 소진되었다. 양쪽 팔, 손등은 여기저기 주사침 자국으로 어지럽게 되었다. 그런데도 밤마다 진통제 주사가 없이는 잠을 자기가 어렵다.

어느 날 갑자기 집으로 돌아가고 싶어졌다. 아파도 내 집에서 아프면 좋겠다 싶어졌다. 지긋지긋한 통증 탓이었던지, 나의 귀소본능은 은행 대출을 적지 않게 끼고 있는 주상복합 아파트 28층으로 향하고 있었다.

암 병동의 서글픈 사연들

타인으로부터 아무런 관심이나 주의를 끌지 못한다면, 인간은 실제로 존재하고 있는 것이 아닐지도 모른다. 좀비처럼 흐느적거리며 복도를 돌고, 돌고 또 돌고 있는 나를, 사람들이 본 척 만 척하기 시작하였을 때 문득 든 생각이다.

간호사나 문병객이 지나갈 땐 목소리를 낮추어 이야기하였지만, 휘청거리며 복도를 계속 돌고 있는 나를 보곤, 그냥 하던 대로 개의치 않고 계속 이야기하는 것이었다. 항상 존재하는 것은 그 항상성으로 인해 마치 존재하지 않는 것처럼 느껴지는 것인가? 공기처럼? 투명인간이 되어버린 나는 가족들만의 내밀한 사연일지도 모를 이야기들을 듣게 되고야 말았다.

사연 1

"여기 나오느라 얼마나 힘들었는데 다시 들어가란 말이요? 나는 그리 못 합니다!"

"너 아버지한테는 아직 이야기 안 했다마는 더 이상 손 쓸 수가 없단다. 위암이 퍼져 간까지 갔단다. 여기 선생님들이 말기이고 수술해도 소용이 없다니, 그냥 연변 집으로 가셔서 돌아가시도록 하는 게 좋겠다. 네가 모시고 들어가야 되겠다."

"어머니, 말씀드렸잖아요? 연변 들어가면 난 다시 나오기가 어렵습니다.

이제 겨우 여기서 일자리 잡았는데, 저는 못 들어갑니다. 다른 사람 시키세요!"

"이놈아, 너 아니면 누가 할 사람이 있느냐? 그만 소리 말고 모시고 들어가거라!"

"아버지가 그동안 나한테 해준 게 도대체 뭐가 있다고 자꾸 그러세요? 나도 이제 내 인생 살아야겠다, 이겁니다. 난 모시고 안 갈 겁니다. 어머니가 모시고 가세요!"

"이놈이, 이 나쁜 놈이?"

사연 2

"아프고 나서 자기 친구들에게 도통 연락 안 하더라고. 자기 병 걸린 것 알리는 게 자존심이 상하는가 봐. 그 많던 머리털도 다 빠졌고."

"지방 병원에서는 할 만치 다 했는지 더 이상 어쩔 수 없다고 그러네, 서울 큰 병원 가보라 해서 지난 주 여기로 왔지."

"여기서도 뾰쪽한 방법은 없는 것 같아…그래도 최선을 다해 봐야지, 살아있는 사람을 내버려둘 수는 없잖아."

"몸이야 반쪽이 되었으니 보는 게 안쓰러울 정도지, 통 먹지도 못하고…그렇게 된 지도 꽤 되었어. 요즈음은 일어나 한 발자국 내딛는 것도 힘들어 해."

"나도 내 일은 계속해야 되니 매일 곁에 있지는 못하고 있지, 눈치 빠른 건 여전해서 나 보고는 자꾸 일보러 가라고 그러네?"

사연 3

"흐~~으으~흐흑~~~."

그토록 깊고 깊은 속 흐느낌은 처음 들었다.

젊은 여자 분의 울음이었다. 무저갱 그 깊은 곳을 맴돌다 터져 나온 것 같은 울음이었다. 저절로 마음이 무거워지고 슬퍼졌다. 자정이 넘도록 병원 복도를 비실거리며 돌고 있던 나는 발걸음을 멈추었다. 그리고 그 울음의 근원지를 찾았다. 그 울음은 어두운 복도 끝 닫힌 비상계단 문 안쪽에서 나고 있었다.

한동안 서럽게 흐느끼고 난 후 문을 열고 복도로 나온 사람은 같은 병동에 입원해 있던 40대 초반 남자 분의 아내였다. 낮에 병간호 중엔 밝은 얼굴과 잦은 웃음으로 남편을 보살피던 그녀였다.

발걸음을 죽이며 다시 살며시 병실 문을 열고 들어가는 그녀의 뒷모습이 마음을 아프게 했다. 사랑하는 남편과 영원히 헤어져야 할 그날이 멀지 않았음을 알게 되었음이 틀림없다.

퇴원을 하다

회복의 징조는 긴 겨울 끝자락 저 먼 빈들로부터 불어오는 봄기운처럼 여리게 다가왔다. 입원한 지 한 달이 다 되어갈 즈음 미음을 조금씩 삼킬 수 있었다. 희멀건 죽 같은 음식이었지만 그 안엔 내 몸이 필요로 하는 최소한의 영양분이 있었다.

뱃속의 가스는 여전히 팽창하며 나를 괴롭혔다. 그럴지라도 어렵사리 조금씩 배출이 되기 시작하였고 복통의 빈도와 강도는 점점 줄어들고 있었다. 몸은 다시 회복의 길로 접어든 것이 틀림없었다. 수액을 공급하던 줄들이 하나둘씩 제거되었다. 간호사 선생들이, 유치원 원생 수준의 어린아이로 퇴행하여 칭얼대는 대머리 아저씨에게, 타이르듯 퇴원 후의 주의할 점들을 조곤조곤 이야기하기 시작했다.

순순히 고개를 끄떡이며 듣고 있던 나에게 "이제 이런 병으로 다시는 입원하지 마세요. 알겠죠?" 하였고 나는 "예, 다시는 그렇게 하지 않겠어요." 하였다.

수액 공급 줄로부터 해방된 나는 거의 4주 만에 목욕을 하였다. 몸을 문지르는 나의 손이 고무지우개가 된 듯 퇴적물들을 제거하며 붉게 흔적을 남겼다. 목욕을 시작한 후 4일 만에 퇴원을 하였다.

물론 바깥세상은 여전히 분주히 돌아가고 있었다.

에필로그(Epilogue) I

살다보면 오롯이 혼자서 감당해야만 하는 일들이 있고, 몸이 아픈 것도 그런 것들 중 하나라고 생각해왔다. 그래서 입원하여 치료를 받는 동안 내 식구들 외에는 아무에게도 그 사실을 알리지 않았다. 집안 어른들에게조차도 입원 후 얼마 지나서야 말씀드렸다. 내 예상보다 입원 기간이 훨씬 늘어나 더 이상 말씀드리지 않을 수가 없게 되었기 때문이다.

당연히 입원 중 병문안을 온 사람은 한 명도 없었다. 아내는 입원부터 퇴원까지 한 달여 동안 24시간 하루 종일 내 곁에 붙어 있었고, 딸은 레지던트 말년 차의 빡빡한 일정 중에도 어찌 하든지 틈을 내어 병실로 찾아왔다. 나로서는 아팠다는 것만 뺀다면 그보다 더 좋을 수 없는 시간이었다.

다른 병실들은 문병객들로 거의 매일 시골 장터처럼 붐볐다. 병문안 온 손님들은 몹쓸 속병으로 제대로 먹지 못하는 환자들 앞에서 실컷 먹고 마시고 수다도 떨고, 그러다 사라졌다. 같이 따라온 아이들은 복도를 운동장인 양 고함을 지르며 냅다 달렸고 그런 아이들을 말리는 사람은 아무도 없었다. 내가 보기엔 위로하러 온 것인지 약 올리러 온 것인지 모를 지경이었지만, 그것이 우리의 관습이었다.

특히 떼거리로 몰려와 병실과 복도를 가득 메운 채 단체행사를 하는 것은, 종교를 불문하고, 볼썽사납다는 느낌이 들었다. 의료진들의 출입이 어려울 정도로 복도를 메우고 노래 부르고 오랫동안 웅성거리다 돌아가곤 하였는데, 두 번 다시 오지는 않았다. 눈도장 찍는 수준이었고, 그들이 돌아가고 난 뒤의 병실은 더욱 적막하게 되어 휑하니 찬바람이 부는 듯하였다.

죽음에 이를지도 모르는 중병을 가진 환자들이 그런 식의 잠깐 방문으로 위로를 받고 마음의 평안을 가지게 될는지 나는 의문스럽다. 죽음이 자기에게 닥치기 전까진 남의 일 취급하는 것이 우리의 인간성 아닌가? 그런 인간성 탓에 인생의 마지막 길은 외로이 혼자 나아가도록 예정되었는지도 모르겠다.

나는 죽음이란 영원으로 향한 문을 열고 그 안으로 들어가는 것이라고 믿고 있다. 무덤까지는 친척들과 친구들이 따라올 수 있겠지만 무덤 저 편은 혼자 나아가야 한다. 그런 면에서 나는 특별히 복이 많은 사람이다. 그 너머로 두 팔을 벌리고 반갑게 나를 맞아주실 분이 있다는 것을 믿고 있기 때문이다.

Epilogue II

예기치 않게 병원을 장기간 비우게 되었다.

하는 수 없이 예약된 환자 분들에게 간략히 설명을 드리고 양해를 구하였다. 고맙게도 거의 모든 분들이 불만을 터트리기보다는 오히려 걱정을 해주시었다. 다시 진료에 복귀하였을 때도 한 결 같이 따뜻한 말로 위로해 주었다. 지난 세월 나름 성심으로 진료한다고 해왔는데 그것을 알아주신 것 같아 나도 마음이 따뜻해졌다.

하지만 몇 가지 실망스러운 일이 있었다. 원장이 죽을 병 걸렸다고 생각했던지 오랫동안 거래해오던 업체 한 곳이 입원해 있는 동안 엉뚱한 일을 저질렀다. 상당한 금전적 손실을 입었는데 퇴원 후 심신이 약해진 상태에선 그런 일로 다투는 것 자체가 적잖은 스트레스였다. 더불어 내 마음속에 깊이 스며들어 버린 실망감은 떨쳐내기가 한동안 어려웠다.

치과 원장의 돌연한 부재, 게다가 오래 지속되는 부재는 여러 사람들에게 억측과 소문을 낳았다. 솔직히 나에게 관심을 가진 분들이 그리 많을 줄은 미처 몰랐다. 호기심을 동하게 하였던지 나의 와병설은 극적인 스토리가 가미되며 친구들과 동료들 사이를 돌아다닌 듯하다.

대한민국은 좁은 나라이고 대개 서너 달이면 부산은 물론 전국 방방곡곡을 돌고 돌아 이야기가 다시 나에게로 찾아온다. 퇴원 한참 후 엉뚱한 자리에서 엉뚱하게 증폭된 이야기를 전해 들었을 때 처음엔 나 아닌 다른 사람 이야기인 줄 알았다. 어깨너머로 들려온 뒷담화의 등장인물은 나였고, 나는 거반 다 죽어 버린 사람이었다.

오호라! 정녕 믿음은 바라는 것들의 실상인 것인가?

참을 수 없는 예순두 살 나이의 가벼움 Unbearable Lightness of Age 'Sixty Two'

벌써 42년이나 되었는데, 치과대학에 입학한 후 3월초 치의예과 일학년 생활을 막 시작했을 때 고교 동문 선배들이 이제 갓 입학한 우리를 위하여 신입생 환영회를 베풀어 주었다. 동숭동의 서울대 문리대 맞은편 의과대학 구내에 있던 함춘원(含春苑)에서 부산고 동문회 주최 신입생 환영회가 거창하게 열렸는데 거의 100여 명 되는 수련의와 재학 중인 치과대학 선배들이 참석해 있었다.

그때 입학한 34기 신입생은 나를 포함하여 11명이었는데, 엄숙하게 무게를 잡고 앉아 있던 노숙한 선배들 앞에서 우리들은 촌닭처럼 두리번거리고 있었다. 환영회가 시작되자마자 거국적으로 막걸리 사발채로 들이키기가 일제히 거행되었다. 그 후 우리들은 도열해 앉아 있는 선배들 중 제일 위 선배부터 차례차례 찾아가 인사드리며 자기소개를 하였고, 각자에게 할당된 사발에 다시 콸콸 채워주는 막걸리를 숨 막혀 하며 마시고 비워 버려야 했다.

한 바퀴 다 돌면 막걸리를 100여 잔 마셔야 할 가혹한 운명에 직면한 나는 어찌 피해볼 요량으로 "술 잘못합니다."를 연발하였지만, 고참 레지던트 수련의들이 권하는 막걸리 사발은 거절할 수가 없었다. 무지하게 세련되고 노련하고 나이가 들어 보였는데, 거절은커녕 오히려 감격해 하며, 고개를 돌리곤 하사하는 막걸리를 들이켜야 했었다. 억지로 사발을 비운 후 다시 인사하니 "어린 것이 고생이 많겠구나!" 하며 어깨를 토닥여 주었다.

그 후 졸업하고 개업하여 이제 어느덧 나이가 지천명(知天命)인 50을 훌쩍 넘어 60 이순(耳順)마저도 넘기게 되었는데, 어쩌다 대학에 강의를 나가면 강의실에 앉아 있는 수련의들과 대학원생들이 어찌 그리 어리고 앳되어 보이는지 속으로 '요것들 속엔 뭣이 들었을꼬?' 하며 궁금해 하곤 한다.

그 옛날 신입생 환영회 때 내가 본 노티 나고 중후했던 그 많던 수련의들은 모두 다 어디로 가고 이렇게 참신 영준 발랄한 청춘들이 떼 지어 모여 있을까 내심 신기하게 생각하였다. 세월의 흐름 따라 달리 보이는 지금의 내 눈을 동안(童眼)이라고 해야 할지 노안(老眼)이라고 해야 할지 모를 지경이었다.

어릴 때 막연하게 생각하기를, 나이가 들어 중년을 지나 노년에 접어들고 어차피 겪어야하는 세상 경험을 헤쳐가다 보면 사물을 보는 눈의 깊이가 깊어지면서 지혜롭게 삶을 살아가는 법을 저절로 터득하게 될 줄 알았다.

다른 사람을 배려하고 모든 일에 있어서 치우치거나 지나치지 않으면서 자신을 지키는 일이 실패와 성공의 경험으로 인하여 습관처럼 몸에 연단되어 스며들 줄 알았던 것이다. 그래서 성공도 큰 의미를 두지 않았고 실패할 지라도 마음에 오래 두지 않으려고 애를 썼다.

하지만 솔직히 고백하건데 나이가 62을 훌쩍 넘은 지금도 절제와 인내, 그리고 남을 배려할 줄 아는 따뜻한 마음을 내 것으로 만들지 못했다. 인생의 수양만으로는 나의 육신에 뿌리박힌 DNA를 어찌할 수 없는 것인가 생각하며 62년에 이르는 한 갑자 내공의 일천함과 가벼움에 마음이 편치 않다.

28년 전 내가 부산에서 처음 개업하던 날, 성산(聖山) 장기려 박사님이 손수 쓰신 액자를 들고 와주셨다. 지금도 간직하고 있는 그분의 액자엔 당신이 평생을 두고 마음에 새기고 실천해 오신 신망애(信望愛) 석 자가 적혀 있다. 그 뜻은 아시겠지만 '믿음 소망 사랑'을 이름이다. 그 중에 제일은 '사랑'이라고 고린도전서 13장 마지막 절에 기록되어 있다. 아마도 60 몇 살 나이의 중심이 가벼운 내게 가장 부족한 것은 사랑일 것이다.

(8년 전 적었던 글을 다시 고쳤다. 세월이 흘렀지만 나는 여전히 가볍고 경망스럽다. 줄어든 것은 머리카락이고, 늘어난 것은 뱃살과 주름살뿐이라는 고백을 하게 되니 부끄러울 따름이다. 내 스스로도 변화시키기 어려운데 어찌 남을 바꾸려 하겠는가? 문득 창밖을 내다보니 어두움이 이미 내려왔다.)

에필로그

"내 인생은 왜 이리도 평범하고도 밋밋한가?"

얼마 전 수필집 『오래된 기억들』을 내기 위해 적어두었던 글들을 정리하면서 언뜻언뜻 스쳐 지나가곤 했던 생각이다. 살아온 이야기를 적었던 글들이 유달리 많았던 수필집인지라 자연히 흘러가 버린 옛 시간들을 자주 돌이켜보게 되었고 그럴 때마다 지나간 나의 인생이 별달리 대단한 사건이 없이 그럭저럭 평범하게 흘러가 버리고 말았다는 것을 새삼 깨닫게 된 것이다.

물론 후반전이라 할 수 있는 인생의 잔여시간 역시, 대형 사고는 고사하고 초소형 사고도 한 번 못 치고, 지금까지 해온 '길들여진 평범함' 그대로, 군소리 없이 '차카게' 살아가게 될 것이고 그것은 나도 내 주위 사람들도 잘 알고 있다.

초등학교 때 바른생활만큼은 공부하지 않아도 언제나 동그라미 다섯 개 백점을 받았던 나 아닌가? 하지만 살아온 관성 그대로 계속 쭉 평범하게 산다는, 지극히 무난한 인생 시나리오가 상당히 맥 빠지고 김이 새는 느낌이 들었다. 평범한 삶 그 자체가 그리 나쁜 것은 아니겠지만 약간의 그루브

(Groove) 같은 것이 혹여 있었더라면 나의 인생도 영화에서나 나옴직한 스토리가 될 수도 있겠다 싶어졌던 것이다.

고백하자면 이런저런 잡문을 적는 동안 내내, 기억 속에만 남아 있는 나의 인생행로에 얼마간의 작위적(作爲的) 반전을 주어 소설화하고 싶은 유혹이 불쑥불쑥 들어오곤 했다.

나의 상상력을 가동하여 나이기도 하고 나 아니기도 한 아바타(Avatar)를 생성시켜 광야와 같은 이 세상 한가운데로 내보내보고 싶었다. 그리고 그 만들어진 아바타로 하여금 내가 감히 내딛기를 두려워하였던 혼돈과 폭풍 속으로, 그리고 그 가운데서 필경 치러내야 할 치열한 삶속으로 무자비하게 떠밀어 보내고 싶었다.

거짓말을 약간 보탬으로써 수필로 나타내기엔 지극히 평범한 나의 경험들을 소설로 둔갑시켜 보고 싶어졌던 것이다. 어찌 되어 난데없이 이런 짓거리들을 벌려 난리굿판을 만들어 보고 싶어졌는지 알 수가 없지만 그 충동 때문인지 손과 머리가 근질근질해지기 시작했다.

지난 수필집 머리글에서 밝혔듯이 나는 여생(?)을 사는 동안 내 마음이 즐거워하는 일을 막지 않기로 했으며, 그래서 마음이 가는 대로 소설을 적어 보기로 했다.

"소설가는 소설만 적지 않으면 최고의 직업이다."

전업 소설가 분들의 이런 푸념을 치과 의사인 나도 어느 정도 공감해보고 싶어졌던 것이다.

여하간 약간의 진짜 꿀이 스며들어간 가짜 꿀처럼 제작된 이야기가 더 현실감을 주게 될는지는 두고 보아야겠다. 그리고 가공된 이야기로 감동을 주게 될는지 재미를 더하게 될는지, 아니면 이도저도 아닌 허탈하거나 맹랑한

키치적(kitsch) 이야기로 그칠지는 나도 알 수 없다.

음식 맛을 평가하는 것은 요리사가 아니라 음식을 먹는 사람에게 달려 있듯이 나의 글에 대한 평가는 내 책을 읽어줄, 그리 많지는 않을 것으로 예상되는, 독자들에게 있을 것이다.

그렇지 않아도 수준 미달의 황당한 이야기들이 온 · 오프라인에 걸쳐 난무하는 요즘 세상에 나같이 무덤덤한 사람마저 시답잖은 이야기를 지어내어 독자들을 괴롭히지나 않을는지 걱정되지만, 내가 중년에 들어선 지가 오래됨을 아시는 선후배 지인 분들은 '그런 짓을 할 만도 하겠다.'고 고개를 끄덕이며 이해해 주실 줄 믿는다.

영화 〈아마데우스〉를 기억하시는가? 마지막 장면에서 미쳐버린 살리에리가 휠체어에 실려 나오면서 내뱉는 절규를 기억하시는가?

"평범한(Mediocre) 뭇 인생들이여, 복이 있을지어다. 복이 있을지어다!"

타고난 천재성 앞에서 무참히 무너져 버리고 말았던, '고만고만해서 지루한, 세상 먼지보다도 많고 흔한, 그래서 곧 잊혀져 버리는' 평범한 인생들의 외침을 나도 허공에다 외쳐보는 것이다.

"세상에 새고 샌 수많은 범생이들이여, 묻히고 흔적도 없이 사라져 버리니 필경 그 가운데 복이 있을지어다!"

이유식
tmjdoc@daum.net